キー	記号	呼び方	どんなときに使われるか
よく使う! ⑨ ⇧Shift +) よ 9 よ	)	右カッコ、カッコ閉じ、カッコ、丸カッコ	⑧ に同じ
よく使う! ⑩ ⇧Shift + = ー ほ	=	イコール、等号	変数への代入、条件式での「等しい」 a = 1、a == b
よく使う! ⑪ ⇧Shift + ~ ^ へ	~	チルダ	ビット単位演算子 反転 本書では使わず
よく使う! ⑫ ⇧Shift + ¦ ¥ _	|	パイプ、縦棒、または	ビット単位演算子 論理和 本書では使わず
⑬ ⇧Shift + @ ˮ	`	バッククオート	※使用しない
よく使う! ⑭ ⇧Shift + { 「 [。	{	左中カッコ、中カッコ開く	辞書、集合の作成 {'name': 'taro'}、{1, 2, 3}
よく使う! ⑮ ⇧Shift + + ; れ	+	プラス、足す	足し算 1 + 1
よく使う! ⑯ ⇧Shift + * : け	*	アスタリスク	掛け算、指数 2 * 5、 2 ** 2 (2の2乗)
よく使う! ⑰ ⇧Shift + } 」] む	}	右中カッコ、中カッコ閉じ	⑭ に同じ

ステップ30

留学生のための Python [基礎編] ワークブック

はじめに

本書はPythonの基礎を習得するための書籍です。

すでに他のPython入門書籍・Webサイト・ビデオなどで学習していて、それらの学習内容の定着具合を確かめたい方にも活用いただける教材です。自身の習熟度合い・理解度を客観的に見ることは難しく、プログラムを書いたり読んだり、レビューをもらったり、それらを繰り返して自分に足りない部分を学んでいくのが一般的です。本書は演習問題が付属したワークブック形式になっており、習熟度・理解度の確認が容易になっています。

最近は機械学習が注目されたこともあり、簡単な画像認識などを扱うPythonの入門書籍もありますが、本書ではPythonの基礎的な内容を中心に学びます。どのような分野に進んでも本書で学んだ内容が土台となるはずです。

■ 対象読者

プログラミングを初めて学ぶ高校生を対象読者に想定しています。プログラミングを初めて学ぶ留学生の皆さんにも役に立つと思います。

■ 本書の構成

本書の構成は次のようになっています。

- 要点として、記憶してほしい用語や概念を示します。
- ワーク［基礎］として、簡単な問題を出題します。
- ワーク［応用］として、少し高度な問題を出題します。

ワークの中には、複数の答えがある問題もあります。学校のように多くの方が同時に学習する環境では、皆さんに様々な解答を出していただき、他人の発想を学んだり、その解答が適切かを議論していただければと思います。

2

目　次

Step 01 **Python とは** **7**

1.1　Python の歴史……7　　1.2　Python の特徴……7

Step 02 **四則演算** **9**

2.1　Python での四則演算＋α……9　　2.2　ZeroDivisionError……9
2.3　演算の優先順位……10

Step 03 **変数** **12**

3.1　変数の使い方……12　　3.2　変数名に使える名前……12
3.3　変数の応用①……13　　3.4　変数の応用②……14

Step 04 **組み込み型 文字列①** **16**

4.1　組み込み型とは……16　　4.2　文字列を扱う……16
4.3　組み込み関数……17

Step 05 **組み込み型 文字列②** **20**

5.1　文字列のメソッド……20　　5.2　インデクシングとスライシング……21

Step 06 **組み込み型 リスト①** **24**

6.1　リストとは……24　　6.2　リストのメソッドと、組み込み関数……25

Step 07 **組み込み型 リスト②** **28**

7.1　ミュータブル……28　　7.2　ミュータブルな型の注意点……29

Step 08 **組み込み型 タプル** **31**

8.1　タプルとは……31　　8.2　リストとの違い……31
8.3　アンパック……32

Step 09 **組み込み型 辞書** **35**

9.1　辞書とは……35　　9.2　辞書のメソッド……36

Step 10 **組み込み型 集合** **39**

10.1　集合とは……39　　10.2　集合のメソッド……40

Step 11 **組み込み型 まとめ** **42**

11.1　bool 型……42　　11.2　NoneType 型……42
11.3　組み込み型まとめ……42

3

Step 12 条件分岐 if 文① **44**

    12.1　if 文の基本……44　　12.2　インデント……45

Step 13 条件分岐 if 文② **48**

    13.1　比較演算……48　　13.2　ブール演算……49

    13.3　暗黙の True、False……50

Step 14 繰り返し for 文① **53**

    14.1　for 文の基本……53　　14.2　break と else……55

Step 15 繰り返し for 文② **58**

    15.1　指定回数の繰り返し……58　　15.2　range オブジェクト……59

    15.3　enumarate と zip……60

Step 16 繰り返し while 文 **64**

    16.1　while 文とは……64

Step 17 関数① **67**

    17.1　関数とは……67　　17.2　引数……68

    17.3　戻り値……70

Step 18 関数② **72**

    18.1　デフォルト引数……72　　18.2　可変長位置引数……73

    18.3　可変長キーワード引数……74　　18.4　キーワード専用引数……75

Step 19 関数③ **77**

    19.1　スコープ……77　　19.2　ミュータブルな型の注意点 再び……79

Step 20 クラス① **82**

    20.1　クラスとは……82　　20.2　self……83

Step 21 クラス② **87**

    21.1　継承とは……87　　21.2　オーバーライド……88

    21.3　super で親のメソッドを呼ぶ……89

Step 22 クラス③ **92**

    22.1　クラスの属性……92　　22.2　インスタンス属性との区別……93

Step 23 モジュール **96**

    23.1　モジュールとは……96　　23.2　モジュールの直接実行……97

Step 24 パッケージ **100**

    24.1　パッケージとは……100　　24.2　__init__.py……101

4

Step 25 入 出 力 **104**

25.1 ファイルの書き込み……104   25.2 ファイルの読み込み……105

25.3 他のモード……105   25.4 エンコーディング……105

Step 26 例外 **109**

26.1 例外を捕まえる……109   26.2 finally と else……110

Step 27 ライブラリ **113**

27.1 標準ライブラリとは……113   27.2 サードパーティ製ライブラリ……114

Step 28 迷路アプリケーション① **116**

28.1 迷路アプリケーションの概要……116   28.2 プロトタイプを作る……117

Step 29 迷路アプリケーション② **122**

29.1 移動処理を実装する……122   29.2 座標のチェック処理……123

Step 30 迷路アプリケーション③ **128**

30.1 クラスを使う……128

付録A **Pythonのインストール** **133**

A.1 Windows……133   A.2 Mac……134

付録B **対話モードで実行する** **135**

B.1 対話モードに入る……135   B.2 他のバージョンのPythonを使う……135

B.3 対話モードを試す……135

付録C **Pythonスクリプトの実行** **136**

C.1 Pythonスクリプトの実行方法……136   C.2 エディタ・IDEの紹介……136

C.3 IDLEの開き方と使い方……137

索引 **141**

※ワークの解答は、以下のWebページからダウンロードできます。

https://www.cutt.jp/books/python_work_837/

Python とは

学習のはじめに、Pythonというプログラミング言語について説明します。「Pythonとは何か？」、「Pythonの何がよいのか？」と質問をされたときに答えられるようにしておきましょう。

要点

1.1 Pythonの歴史

　1989年の12月、オランダ人のグイド・ヴァンロッサム（Guido van Rossum）はクリスマス休暇の暇つぶしとしてプログラミング言語の開発を始めました。これがPythonです。その後1991年2月にalt.sourcesニュースグループ上でバージョン0.9.0が一般公開され、今ではバージョン3の後半です。4大P言語（Perl, Python, PHP, Ruby）の中では2番目に古く、意外に感じるかもしれませんが、JavaやC#よりも年上になります。1957年のFORTRAN（フォートラン）から始まるプログラミング言語の歴史から見ると、90年前後というのは最近に感じます。しかし、よく使われているメジャーな言語の中ではそれなりに古く、歴史のある言語といえます。

　余談ですが、「Python」という名前の由来は、イギリスのコメディ番組「空飛ぶモンティ・パイソン」から取っています。

1.2 Pythonの特徴

　Pythonの特徴は多くありますが、代表的なものは可読性・生産性・汎用性の3つです。

■可読性

　可読性とはプログラムの読みやすさのことです。Pythonは「実行可能な疑似コード」と表現されるほど、自然言語に近い言語です。他言語でよく使われる丸括弧などの記号は、少なくなるように設計されています。コードが読みやすいと、それだけ学びやすく、覚えやすく、上達が早くなります。他人との共同作業もはかどります。

■生産性

　ある時間内や行数で、「どれだけのプログラムや処理が作れるか？」を生産性といいます。Pythonはスクリプト言語と呼ばれるグループの仲間です。スクリプト言語はプログラムの実行が簡単で、少ないコードでたくさんのことができます。CやJavaといった言語に比べるとコードの量が半分以下になることも珍しくありません。

■汎用性

　Pythonは幅広い用途に使える言語であり、汎用的な言語といわれています。Webアプリケーションや科学分野をはじめ、多くの分野で実際に利用されています。汎用目的に作られた言語は数多くありますが、ある分野での開発が現実的ではない言語もあります。たとえば、Webでよく使われているPHPでスマホアプリを開発するのは、（少なくとも今は）現実的ではありません。Pythonにも不得意なこと、または他言語の方が得意な分野はありますが、総合的にはとても汎用的な言語です。

　プログラミング言語に最も必要なものは、コミュニティです。どんなに素晴らしい言語であっても、利用者が少なければ今後の発展は見込めず、情報の取得に苦労するでしょう。Pythonはどうでしょうか？　ご安心ください、とてもホットな言語です。ある言語がどれだけ人気があるかの指標として、以下の3サイトはよく参考にされます。どのサイトでもPythonは高い位置に存在することがわかります。

http://pypl.github.io/PYPL.html

https://www.tiobe.com/tiobe-index/

https://spectrum.ieee.org/static/interactive-the-top-programming-languages-2017

ワーク

基礎①

　次のうち、Pythonの説明として正しいものを1つ選びましょう。わからない語句は、Google検索を活用しても構いません。

1. Pythonは生産性が低く、読みづらい言語だ。
2. Pythonはオブジェクト指向をサポートしていない。
3. Pythonは可読性、生産性、汎用性に優れた静的言語だ。
4. Pythonは可読性、生産性、汎用性に優れたスクリプト言語だ。

Step 02 四則演算

Pythonに付属している対話モードは、簡単な電卓としても使えます。対話モードで四則演算＋αを試してみましょう。安物の電卓より、Pythonでの数値計算のほうが便利です。なお、Pythonのインストールは付録A、対話モードの使い方は付録Bを見てください。

要点

2.1 Pythonでの四則演算＋α

足し算、引き算、掛け算、割り算のことを四則演算といいます。Pythonは四則演算だけでなく、様々な計算ができます。実行結果2.1.1で確認しましょう。

実行結果2.1.1　対話モードでの実行例

```
>>> 1 + 2
3
>>> 3 - 2
1
>>> 5 * 2
10
>>> 5 ** 2
25
>>> 4 / 2
2.0
>>> 4 // 2
2
>>> 10 % 3
1
```

掛け算の記号は×ではなく、＊（アスタリスク）になります。割り算は÷ではなく、/（スラッシュ）になります。/による割り算は、小数点以下も表示されます。小数点部分を切り捨てたい場合は、//とします。＊＊で指数の計算ができ、％（パーセント）記号で剰余（割った余り）を求めることができます。

2.2 ZeroDivisionError

数学では、0で割ることは許されない行為です。Pythonでは0で割ったときに実行結果2.2.1のように表示されます。

実行結果 2.2.1

```
>>> 1 / 0
Traceback (most recent call last):
  File "<stdin>", line 1, in <module>
ZeroDivisionError: division by zero
```

　これは例外と呼ばれるもので、Python で実行中に検出されたエラーのことです。例外を扱う方法は後ほど詳しく説明します。今は「エラーがこのように表示される」と覚えておいてください。

2.3　演算の優先順位

　演算には優先順位があります。それは数学の優先順位と同じです。実行結果 2.3.1 では、まず 100**0 の指数が計算され、「掛け算・割り算」の後に「足し算・引き算」が計算されます。通常の数学における優先順位と同じです。

実行結果 2.3.1

```
>>> 10 + 20 - 10 / 5 * 100 ** 0
28.0
```

　実行結果 2.3.2 では、丸括弧をつけてみました。丸括弧内の演算が優先されます。

実行結果 2.3.2

```
>>> 10 + (20 - 10) / 5 * 100 ** 0
12.0
```

ワーク

基礎① ・・・

　次のうち、ZeroDivisionError となるものを 1 つ選びましょう。

1.　　```>>> 5 - 0```

2.　　```>>> 5 * 0```

3.　　```>>> 5 / 0```

4.　　```>>> 6 ** 0```

基礎②

「+」「-」「*」「/」の記号を1つずつ使い、括弧の中を埋めましょう。

```
>>> 10 (    ) 5
15
>>> -10 (    ) 10
-20
>>> 10 (    ) 3 (    ) 5
6.0
```

応用

「%」「//」「**」の記号を1つずつ使い、括弧の中を埋めましょう。

```
>>> 10 (  ) 3
3
>>> 10 (  ) 3
1
>>> 5 (  ) 2
25
```

Step 02　四則演算

変数

変数を使うと、計算結果や各種データを保存することができます。Pythonに限らず、プログラミングにおいては重要な概念となるので、しっかり覚えておきましょう。

要点

3.1 変数の使い方

実行結果3.1.1は、priceという変数に整数の100を保存し、その変数を使うサンプルコードです。

実行結果3.1.1

```
>>> price = 100
>>> price
100
>>> price + 10
110
```

変数は、計算結果やデータを保存するのに使われます。price = 100のように左辺に名前、右辺に値や式を書きます。これを「変数priceに100を代入する」と表現します。代入が終われば、次からはpriceという名前で100の値を使えるようになります。2行目のpriceは100と表示され、4行目の「price + 10」は「100 + 10」となり110と表示されます。数学の=は「等しい」という意味ですが、Pythonでは代入を意味する記号ですので注意してください。なお、他の言語でよくある変数名だけを宣言する機能はありません。

3.2 変数名に使える名前

変数名は自由につけることができますが、いくつかのルールがあります。

・変数名の先頭には、_（アンダースコア）またはアルファベットしか使えない
・変数名の2番目以降には、数字、アルファベット、アンダースコアが使える
・予約語は使えない

予約語とは、Pythonプログラムの構文として使われているキーワードです。予約語を確認するには、実行結果3.2.1のように入力してください。

実行結果 3.2.1

```
>>> import keyword
>>> keyword.kwlist
['False', 'None', 'True', 'and', 'as', 'assert', 'break', 'class', 'continue', 'def',
 'del', 'elif', 'else', 'except', 'finally', 'for', 'from', 'global', 'if', 'import',
 'in', 'is', 'lambda', 'nonlocal', 'not', 'or', 'pass', 'raise', 'return', 'try',
 'while', 'with', 'yield']
```

実行結果 3.2.1 では、keywordというモジュールをインポートし、keywordのkwlistという属性にアクセスしました。今は「このようなこともできる」と思っておいてください。False, None, True, …といった単語がPythonの予約語です。Pythonは他の言語と比べると予約語が少なく、プログラミングをしているうちに自然と覚えられます。

3.3 変数の応用①

実行結果 3.3.1 は、priceという変数に値を再代入した例です。再代入すると、前に入っていた値は消えます。

実行結果 3.3.1

```
>>> price = 10
>>> price
10
>>> price = 20
>>> price
20
```

実行結果 3.3.2 は、変数に変数を代入する例です。price_aに10を代入し、price_bにprice_aを代入します。結果的に、どちらも10となります。

実行結果 3.3.2

```
>>> price_a = 10
>>> price_b = price_a
>>> price_b
10
>>> price_a
10
```

その後price_aに別の値を代入しても、price_bには影響しません。Pythonにおける代入は、右辺が指す値（今回であれば10や20などの数値）と、左辺にある変数名を紐付けるものです。

Step 03　変数　**13**

実行結果3.3.3

```
>>> price_a = 20
>>> price_b
10
```

3.4 変数の応用②

プログラミング初心者がつまづきがちな例として、実行結果3.4.1のような代入があります。

実行結果3.4.1

```
>>> price = 10
>>> price = price + 1
>>> price
11
```

＝記号は、「等しい」ではなく「代入」を意味します。代入では、右辺が先に評価されることを覚えておきましょう。したがって、実行結果3.4.1は、実行結果3.4.2のように評価されます。

実行結果3.4.2

```
>>> price = 10
>>> price = 10 + 1
```

price = price + 1のような式はよく使われるため、短縮した演算子があります。表3.4.1で確認しておきましょう。

表3.4.1 短縮した演算子

短縮した演算子	内容
price += 1	price = price + 1
price -= 1	price = price - 1
price *= 1	price = price * 1
price **= 1	price = price ** 1
price /= 1	price = price / 1
price //= 1	price = price // 1
price %= 1	price = price % 1

ワーク

基礎①

次のうち、変数名として利用できないものを1つ選びましょう。

1. my_name
2. _name
3. __name
4. __init__
5. name2
6. False

基礎②

前後の処理を見ながら、括弧の中に入る数値を考えましょう。

```
>>> price_a = 10
>>> price_b = (  )
>>> price_c = price_a + price_b
>>> price_c
15
```

応用

前後の処理を見ながら、括弧の中に入る記号を考えましょう。実行結果3.4.1と表3.4.1が参考になります。

```
>>> price_a = 10
>>> price_b = 5
>>> price_a (  ) price_b
>>> price_a
15
```

Step 03 変数 | **15**

組み込み型 文字列①

数値と並んで、文字列は非常によく使う変数です。最も基本となる型といっても過言ではありません。しっかり学んでいきましょう。

要点

4.1 組み込み型とは

まずは、型という概念について説明します。型とはデータの種類を表すものです。これまで整数や浮動小数点数といった数値を扱いましたが、これらも型の一つです。整数はint、浮動小数点数はfloatという型です。文字列の場合はstr（テキストシーケンス）型になります[※1]。言語によっては型を明示的に宣言する必要がありますが、Pythonにおいては必要ありません。1ならばint型、'hello'ならばstr型のように自動的に判断してくれます。型が同じものはすべて同様に扱うことができ、型によってできることは決まっています。整数や浮動小数点数であれば、足し算したり、引き算したり、といった演算ができます。これから学ぶ文字列という型では、文字列の一部を置換したり、文字の先頭を大文字にする、といった処理が行えます。型は自分で作ることもできます。整数や浮動小数点数、文字列のように、Pythonに標準で組み込まれている型も多くあります。これが組み込み型です。

（＊1） intは「イント」、floatは「フロート」、strは「ストラ、ストリング」などと発音するのが一般的です

4.2 文字列を扱う

ある文字列を変数に代入するには、実行結果4.2.1のようにします。

実行結果4.2.1

```
>>> name = '太郎'
>>> name
'太郎'
```

文字列をシングルクォーテーション、またはダブルクォーテーションで囲みます。どちらを使っても構いません。好みの問題です。文字列の中にシングルクォーテーションやダブルクォーテーションを含めたい場合は、実行結果4.2.2のようにします。

実行結果 4.2.2

```
>>> text = 'こんにちは、"世界"'
>>> text
'こんにちは、"世界"'
>>> text = "こんにちは、'世界'"
"こんにちは、'世界'"
```

　プログラミングの世界では、空文字という不思議な文字列が登場します。これは白紙のノートのようなもので、後から文字を追加したい場合に使います。

実行結果 4.2.3

```
>>> text = ''
>>> text += 'Hello'
>>> text += 'World'
>>> text
'HelloWorld'
```

　実行結果 4.2.3 のように、文字列は + 演算子でつなげることができます。さらに * 演算子を使うと、文字列を繰り返すことができます。*1 では元の文字列、*0 では空文字列になります。*0 を使うことは滅多にありませんが、巧妙なプログラムではまれに見かけますので覚えておきましょう。

実行結果 4.2.4

```
>>> text = 'Hello'
>>> text * 3
'HelloHelloHello'
>>> text * 1
'Hello'
>>> text * 0
```

4.3　組み込み関数

　数値を文字列に変換することもできます。実行結果 4.3.1 は、整数を文字列に変換しています。

実行結果 4.3.1

```
>>> 10
10
>>> str(10)
'10'
```

Step 04　組み込み型 文字列① | **17**

実行結果 4.3.1 の 1 ～ 2 行目は、あくまで整数の 10 です。3 行目で str(10) とすると、4 行目に '10' と表示されます。対話モードでは、文字列がシングルクォーテーションで囲まれて表示されます。つまり、str(10) の結果は、文字列の '10' になります。組み込み関数は、Python に標準で組み込まれている便利な関数のことです。str 関数もその一つです。そのほか、文字列や浮動小数点数を整数に変換する int 関数、浮動小数点数に変換する float 関数といったものがあります（実行結果 4.3.2）。int 関数は小数点を切り捨てるときによく利用されます。

実行結果 4.3.2

```
>>> float('10.0')
10.0
>>> int('10')
10
>>> int(3.1415)
3
```

実行結果 4.3.3

```
>>> len('太郎')
2
>>> len('Hello World')
11
>>> len('')
0
```

実行結果 4.3.3 にある len 関数は、長さを返す関数です。半角スペースもカウントされることに注意してください。空文字列を渡すと 0 になります。文字列を渡した場合は、文字数を返します。ほかにも様々な型のデータを受け取れます。丸括弧の中に渡すデータのことを「引数」と呼びます。引数として対応していない型もあります。たとえば、len に整数を渡すと、実行結果 4.3.4 のようにエラーが表示されます。

実行結果 4.3.4

```
>>> len(1)
Traceback (most recent call last):
  File "<stdin>", line 1, in <module>
TypeError: object of type 'int' has no len()
```

len 関数は、リスト、タプル、辞書、集合（これらは後のステップで説明します）などにも使えます。おおざっぱに「データが集まったものならば len 関数が使える」と考えてください。

ワーク

基礎①

実行結果4.2.3を参考に、5行目に表示される内容を考えましょう。

```
>>> name = ''
>>> name += '佐藤'
>>> name += '太郎'
>>> name
(    )
```

応用

「4.3　組み込み関数」を参考に、括弧の中に入る数値、文字列を考えましょう。

```
>>> int(1.1421356)
(    )
>>> str(100)
(    )
>>> len('こんにちは')
(    )
```

Step 04　組み込み型 文字列① | **19**

Step 05 組み込み型 文字列②

文字列を操れるようになると、できることが大幅に増え、プログラミングが楽しくなります。Pythonには、文字列を簡単に処理できる機能がたくさんあります。このステップでは、それを説明していきます。

要点

5.1 文字列のメソッド

型には属性と呼ばれるものがあります。実行結果5.1.1のように、属性には「.属性名」でアクセスできます。属性の中には、丸括弧をつけて呼び出すものもあり、これをメソッドと呼びます。組み込み関数と似てますが、メソッドは「ある特定の型で使える関数」と考えてください。メソッドは、何らかの操作をします。実行結果5.1.1の場合は、titleメソッドで「先頭の文字を大文字」、upperメソッドで「すべての文字を大文字」にしています。

実行結果5.1.1

```
>>> name = 'taro'
>>> name.title()
'Taro'
>>> name.upper()
'TARO'
```

表5.1.1は、文字列でよく使うメソッドです。特にformatメソッドは頻繁に利用されるので、よく確認しておいてください。

表5.1.1 文字列でよく使うメソッド

メソッド名	概要	例

format	文字列の書式化操作を行う	`'{}さん、{}'.format('taro', 'こんにちは')`
		⇒ `'taroさん、こんにちは'`
		`'{0}、{1} {0}'.format('Hello', 'taro')`
		⇒ `'Hello、taro Hello'`
		`'{name}さん！'.format(name='taro')`
		⇒ `'taroさん！'`

replace	文字列の一部を置換する	`'Hello World'.replace('Hello', 'Hi')` ⇒ `'Hi World'`
count	単語の出現回数を返す	`'Hello World'.count('l')` ⇒ `3`
index	単語の位置を返す。単語がなければエラー	`'Hello World'.index('Hello')` ⇒ `0`

メソッド名	概要	例
find	単語の位置を返す。単語がなければ-1を返す	`'Hello World'.find('World')` ⇒ 6
strip	先頭および末尾の空白を除去する	`'  Hello World  '.strip()` ⇒ `'Hello World'`
startswith	その単語で始まっていればTrue、そうでなければFalse	`'Hello World'.startswith('Hello')` ⇒ True[※1]
endswith	その単語で終わっていればTrue、そうでなければFalse	`'Hello World'.endswith('World')` ⇒ True[※1]
split	文字列をリスト[※2]に分割する	`'taro,18,male,170,65'.split(',')` ⇒ `['taro', '18', 'male', '170', '65']`
join	リストを結合して文字列にする。splitの逆	`','.join(['taro', '18', 'male', '170', '65'])` ⇒ `'taro,18,male,170,65'`

（※1）TrueとFalseについては「Step 11　組み込み型 まとめ」を参照。
（※2）リストについては「Step 06 〜 07　組み込み型 リスト」を参照。

5.2　インデクシングとスライシング

「シーケンス型」というグループがあります。順番にデータが格納されているものはシーケンス型に属しており、リストやタプル、文字列もシーケンス型になります。シーケンス型のデータに共通して行える操作があります。

実行結果5.2.1

```
>>> text = '今日は良い天気です'
>>> text[0]
'今'
>>> text[1]
'日'
>>> text[-1]
す
>>> text[-2]
で
>>> text[100]
Traceback (most recent call last):
  File "<stdin>", line 1, in <module>
IndexError: string index out of range
```

　実行結果5.2.1はインデクシングの例です。[index]と指定することで、その位置にあるデータを取得できます。プログラミングの世界では、データの先頭を0から数えるのが一般的です。0番目は「今」、1番目は「日」、…となります。-1とすると、一番後ろの位置にアクセスできます。そこから

Step 05　組み込み型 文字列②　**21**

-2、-3、…と逆向きにアクセスすることもできます。[100]のように範囲外を指定するとエラーになります。位置と文字の対応を表5.2.1に示します。

表5.2.1　位置と文字の対応

先頭から	0	1	2	3	4	5	6	7	8
テキスト	今	日	は	良	い	天	気	で	す
末尾から	-9	-8	-7	-6	-5	-4	-3	-2	-1

実行結果5.2.3

```
>>> text[1:4]
'日は良'
>>> text[1:8]
'日は良い天気で'
>>> text[5:]
'天気です'
>>> text[-3:]
'気です'
>>> text[:5]
'今日は良い'
>>> text[:7]
'今日は良い天気'
>>> text[:-2]
'今日は良い天気'
>>> text[:100]
'今日は良い天気です'
```

実行結果5.2.3はスライシングの例です。[start:end]とすることで、start番目からend-1番目の文字列を取り出します。endは含まれないことに注意してください。スライシングの場合は、範囲外の位置を指定してもエラーになりません。存在する部分だけが取り出されます。また、[0:5]を[:5]、[3:9]を[3:]のように省略することも可能です。

実行結果5.2.4

```
>>> text[1:5:2]
'日良'
>>> text[::2]
'今はい気す'
>>> text[::-1]
'すで気天い良は日今'
```

スライシングでは[start:end:step]という指定も可能です。[::2]を指定すると、1文字飛ばしで文字列が取得されます。[::-1]を指定すると、逆側から文字列が取得されます。シーケンス型のデータを逆にする際によく使うので覚えておいてください。

ワーク

基礎①

表5.1.1を参考に、次のうち「こんにちは、佐藤さん」と表示されないものを1つ選びましょう。

1. ```
>>> 'こんにちは、{}さん'.format('佐藤')
```

2. ```
>>> 'こんにちは、{0}さん'.format(佐藤')
```

3. ```
>>> 'こんにちは、{name}さん'.format(name='佐藤')
```

4. ```
>>> 'こんにちは、{0}さん'.replace('佐藤')
```

基礎②

実行結果5.2.1を参考に、括弧の中に入る文字を考えましょう。

```
>>> text = 'Python'
>>> text[0]
(    )
>>> text[5]
(    )
>>> text[-1]
(    )
```

応用

実行結果5.2.4を参考に、次のうち「'日雨降'」と表示されるものを1つ選びましょう。

1. ```
>>> '明日は雨が降ります。'[1:3:2]
```

2. ```
>>> '明日は雨が降ります。'[1:6:2]
```

3. ```
>>> '明日は雨が降ります。'[:8:2]
```

4. ```
>>> '明日は雨が降ります。'[:6:2]
```

Step 05　組み込み型 文字列②　**23**

組み込み型 リスト①

これから学んでいく組み込み型は、複数の文字列や数値を保持することができます。数値や文字列を原子と考えるならば、リスト、タプル、辞書、集合は分子と考えることができます。リストは特に出現頻度の多い型なので、よく使い方を覚えておいてください。

要点

6.1 リストとは

リストは、任意のデータを順番に格納することができます。リストの作成は非常に簡単で、実行結果6.1.1のようにします。

実行結果6.1.1

```
>>> my_list = ['hello', 10, True, False, None]
>>> empty_list = []
>>> str_list = list('hello')
>>> str_list
['h', 'e', 'l', 'l', 'o']
```

[ ]（角括弧）の中に，（カンマ）区切りで格納するデータを書いていきます。文字列や数値だけでなく、「リストの中にリストを入れる」など、どんな型でも好きなだけ格納できます。空のリストを作成する場合は、角括弧の中を空にします。

組み込み関数listに文字列を渡すと、1文字ずつのリストが作成されます。list関数の引数には文字列のほかにも様々な型を渡すことができ、利用頻度の高い関数です。

リストはシーケンス型でもあるので、インデクシングやスライス操作も可能です。[::-1]によるリストの反転はよく使うので、イディオムとして覚えてください。

実行結果6.1.2

```
>>> foods = ['カレー', 'チャーハン', '寿司', 'ツナ缶']
>>> foods[0]
'カレー'
>>> foods[-1]
'ツナ缶'
>>> foods[1:]
['チャーハン', '寿司', 'ツナ缶']
>>> foods[::-1]
['ツナ缶', '寿司', 'チャーハン', 'カレー']
```

リストにデータを追加したい場合は、appendメソッドを使うと末尾に追加されます。削除する場合はpopメソッドを使います。引数に何も指定しないと末尾から削除され、その位置にあったデータが返されます。deleted = foods.pop()のように記述して、削除した値を取得することも可能です。pop(1)のように位置を指定することもできますし、「removeによる値での削除」や「汎用的な削除構文のdel文」を使うこともできます。

実行結果6.1.3

```
>>> foods.append('シチュー')
>>> foods
['カレー', 'チャーハン', '寿司', 'ツナ缶', 'シチュー']
>>> foods.pop()
'シチュー'
>>> foods
['カレー', 'チャーハン', '寿司', 'ツナ缶']
>>> foods.pop(0)
'カレー'
>>> foods
['チャーハン', '寿司', 'ツナ缶']
>>> foods.remove('寿司')
>>> foods
['チャーハン', 'ツナ缶']
>>> del foods[0]
>>> foods
['ツナ缶']
```

6.2　リストのメソッドと、組み込み関数

　リストでよく使うメソッドを表6.2.1に示します。appendのように、結果を返さずにリストを変更する処理もたくさんあります。このような処理には、メソッド名の後に<inplace>と記してあります。

表6.2.1　リストの便利なメソッド

メソッド名	概要	例
append<inplace>	リストの末尾に追加する	my_list.append(10)
clear<inplace>	リストを空にする	my_list.clear()
copy	リストのコピーを返す	[1, 2, 3].copy() 　⇒　[1, 2, 3]
count	リスト内に何個あるかを返す	[1, 1, 2, 1, 2, 3].count(1) 　⇒　3
extend<inplace>	リストに別のリストを追加する	my_list.extend([4, 5, 6])

Step 06　組み込み型 リスト①　**25**

メソッド名	概要	例
index	リスト内の位置を返す	['チャーハン', '寿司', 'カレー'].index('寿司') ⇒ 1
insert<inplace>	リストの指定した位置に追加する	my_list.insert(0, '追加データ')
pop<inplace>	リスト内の要素を削除する。「引数なし」は-1と同義	my_list.pop() ⇒ 10
remove<inplace>	リスト内の要素を削除する。popと違い、値で指定する	my_list.remove('削除したい値')
sort<inplace>	リストを並べ替える。reverse=Trueにすると、結果を逆にする	my_list.sort(reverse=True)

リストで使える、使用頻度の高い組み込み関数もいくつか紹介しておきます。表6.2.2です。

表6.2.2 使用頻度の高い組み込み関数

関数名	概要	例
len	長さを返す	len([1, 2, 3, 4, 5]) ⇒ 5
max	最大の要素を返す	max([1, 2, 3, 4, 5]) ⇒ 5
min	最小の要素を返す	min([1, 2, 3, 4, 5]) ⇒ 1
sum	合計を返す	sum([1, 2, 3, 4, 5]) ⇒ 15
sorted	メソッドのsortと違い、ソートしたリストを返す	sorted([5, 3, 1, 2, 4]) ⇒ [1, 2, 3, 4, 5]

ワーク

基礎①

Step 06　組み込み型 リスト①

実行結果6.1.2を参考に、括弧の中に入るリスト、または文字列を考えましょう。

```
>>> foods = ['米', 'パン', 'パスタ']
>>> foods[-1]
(      )
>>> foods[1]
(      )
>>> foods[1:]
(      )
>>> foods[::-1]
(      )
```

基礎②

実行結果6.1.3を参考に、括弧の中に入るリスト、または文字列を考えましょう。

```
>>> languages = []
>>> languages.append('Python')
>>> languages.append('Ruby')
>>> languages
(      )
>>> languages.pop()
(      )
>>> languages.remove('Python')
>>> languages
(      )
```

応用

#で始まるヒントを見ながら、それぞれのnumbersの結果を考えましょう。

```
>>> numbers = [6, 3, 5, 4, 1, 2]
>>> numbers.sort()    # 小さいものから並びます。
>>> numbers
(      )
>>> numbers.sort(reverse=True)  # 大きいものから並びます。
>>> numbers
(      )
```

Step 06　組み込み型 リスト①　**27**

Step 07 組み込み型 リスト②

Step 06では、リストの基本的な操作を説明しました。リストは初めての「ミュータブル」な型です。少し特徴のある動作をするので、早く慣れましょう。

要点

7.1 ミュータブル

ミュータブルとは、「変更可能」といった意味です。「変更可能が何を指すのか？」をサンプルコードを交えながら説明していきます。

実行結果 7.3.1

```
>>> numbers = [1, 2, 3, 4, 5]
>>> numbers[0] = 100
>>> numbers
[100, 2, 3, 4, 5]
```

実行結果7.3.1では、変数numbers内の要素を変更しています。numbers[0] = 100として、0番目を整数100に変更しました。このように、リストは「途中の要素」を変更することができます。「文字列でも同様の処理ができるのでは？」と思うかもしれませんが、文字列の場合はエラーになります（実行結果7.3.2）。

実行結果 7.3.2

```
>>> text = 'hello'
>>> text[0] = 'H'
Traceback (most recent call last):
  File "<stdin>", line 1, in <module>
TypeError: 'str' object does not support item assignment
```

型には、内部データの変更を「許しているもの」と「許していないもの」の2種類があります。リストのように内部データを変更できる型をミュータブル（変更可能）と呼びます。一方、文字列のように変更を許可していない型をイミュータブル（変更不可）と呼びます。辞書やセット、自作のクラスはミュータブルです。数値や文字列、タプルはイミュータブルです。

文字列のメソッドは、ほとんどのメソッドが文字列を返しました。これは、文字列型がイミュータブルなためです。内部データを変更できないため、「新しい文字列を生成して返すしかない」というのが理由です。一方、リストは内部データを変更できるため、appendなどのメソッドは新しいリストを返しません。

28

7.2 ミュータブルな型の注意点

ミュータブルな型を利用するうえで、注意すべき挙動があります。

実行結果 7.4.1

```
>>> numbers1 = [6, 3, 5, 4, 1, 2]
>>> numbers2 = numbers1
>>> numbers2.sort()
>>> numbers2
[1, 2, 3, 4, 5, 6]
>>> numbers1
[1, 2, 3, 4, 5, 6]
```

実行結果 7.4.1 では奇妙なことがおきています。ソートしたのは numbers2 だけですが、numbers1 も結果がソートされています。これがミュータブルなオブジェクトの注意点です。ミュータブルなデータを別の変数に代入し、sort や append などの操作を行うと、元の変数にも影響が出ます。リストのコピーを作るときは、実行結果 7.4.1 のような「別名変数への代入」を行わないようにしてください。その代わりとして、実行結果 7.4.2 のように copy メソッドが使えます。

実行結果 7.4.2

```
>>> numbers1 = [6, 3, 5, 4, 1, 2]
>>> numbers2 = numbers1.copy()
>>> numbers2.sort()
>>> numbers2
[1, 2, 3, 4, 5, 6]
>>> numbers1
[6, 3, 5, 4, 1, 2]
```

「注意点」と表現しましたが、これは「ある場所で変更すれば、他の場所で変更する必要はない」という意味にもなります。この挙動を理解すれば、たいへん便利に扱うことができます。

Step 07　組み込み型 リスト② **29**

ワーク

基礎①

実行結果7.3.1を参考に、namesが['taro', 'siro', 'saburo']となるように括弧の中を埋めましょう。

```
>>> names = ['taro', 'jiro', 'saburo']
>>> (      )
>>> names
['taro', 'siro', 'saburo']
```

基礎②

#で始まるヒントと実行結果7.4.1を参考に、5行目に表示される内容を考えましょう。

```
>>> names1 = ['taro', 'jiro', 'saburo']
>>> names2 = names1
>>> names1.clear()  # リストの中を空([])にします
>>> names2
(      )
```

応用

#で始まるヒントと実行結果7.4.2を参考に、5行目に表示される内容を考えましょう。

```
>>> names1 = ['taro', 'jiro', 'saburo']
>>> names2 = names1.copy()  # リストのコピーを作成します
>>> names1.clear()  # リストの中を空([])にします
>>> names2
(      )
```

Step 08

組み込み型 タプル

グイドのツイートによると、タプルの発音の仕方は「月水金にトゥープル、火木土にはタプルと発音している。日曜にそんな話はしない」だそうです。このような話はよくあります。

要点

8.1 タプルとは

実行結果8.1.1

```
>>> my_tuple = ('hello', 10, True, False, None)
>>> my_tuple[0]
'hello'
>>> my_tuple[:3]
('hello', 10, True)
>>> empty_tuple = ()
>>> one_tuple = ('hello',)
>>> type(one_tuple)
<class 'tuple'>
>>> one_tuple2 = ('hello')
>>> type(one_tuple2)
<class 'str'>
```

　タプルはシーケンス型で、リストによく似ています。データを順番に保持し、各要素にアクセスすることができます。タプルを作るときは、リストの角括弧を丸括弧に変えるだけです。空タプルを作るときは、丸括弧の中を空にして定義します。ただし、1要素のタプルを作る場合は注意しなければなりません。最後にカンマが必要で、このカンマがないと文字列と認識されてしまいます。

　ちなみに、typeはデータの型を返す組み込み関数で、今回のように型を確認するときに便利に活用できます。

8.2 リストとの違い

実行結果8.2.1

```
>>> my_tuple = ('hello', 10, True, False, None)
>>> my_tuple[0] = 'Hello'
Traceback (most recent call last):
  File "<stdin>", line 1, in <module>
TypeError: 'tuple' object does not support item assignment
```

Step 08　組み込み型 タプル　**31**

```
>>> my_tuple.append(100)
Traceback (most recent call last):
  File "<stdin>", line 1, in <module>
AttributeError: 'tuple' object has no attribute 'append'
```

リストとの違いは、タプルがイミュータブルなことです。タプルは自身を変更する操作を許していません。このため、appendやpopは使えません。[0] = 'Hello'のように、位置への代入もできません。

タプルがよく使われるのは、データの追加・削除が必要ない連続したデータです。たとえば、様々なWebサイトへ自動的にアクセスし、Webサイトの更新情報を自動的に取得するプログラムを書いたとしましょう。訪れるWebサイトが決まっていて、追加・削除が必要ない場合は、(url1, url2, url3)のようにタプルで定義するのがスマートです。タプルにすることで、「変更されないデータ」になり、誤って書き換えてしまうミスがなくなります。パフォーマンス面も基本的にリストより上です。また、タプルは辞書という型のキーにすることもできます。

8.3 アンパック

実行結果8.3.1

```
>>> my_tuple = 'hello', 10, True, False, None
>>> my_tuple[0]
'hello'
```

タプルを定義する際に、丸括弧を省略することもできます（実行結果8.3.1）。付ける／付けないは自由で、どちらの書き方もよく見ます。これが理解できれば、実行結果8.3.2のようなコードも理解できると思います。

実行結果8.3.2

```
>>> a, b = 1, 2
>>> a
1
>>> b
2
```

1行目の右辺「1, 2」は、2要素のタプルになります。左辺に複数の変数を書き、右辺に変数の数に対応したデータ（今回の例では2要素のタプル）を書きます。この場合は、左辺の各変数に値が代入されます。同様の方法でリストなども渡せます。ぜひ覚えてほしいのは、実行結果8.3.3の書き方です。一時変数を使わずに、それぞれの変数の値を交換する方法としてよく利用されます。このような代入をアンパック代入と呼びます。

実行結果8.3.3

```
>>> a, b = 1, 2
>>> a, b = b, a
>>> a
2
>>> b
1
```

ワーク

基礎 ••

次のうち、タプルの説明として正しいものを1つ選びましょう。

1. タプルはミュータブルで、シーケンス型である
2. タプルはミュータブルで、シーケンス型ではない
3. タプルはイミュータブルで、シーケンス型である
4. タプルはイミュータブルで、シーケンス型ではない

応用① ••

次のうちエラーにならないものを1つ選びましょう。「8.2 リストとの違い」が参考になります。

1.
```
>>> numbers = 10, 5, 4, 1, 3
>>> numbersa.append(100)
```

2.
```
>>> numbers = (10, 5, 4, 1, 3)
>>> numbers.pop()
```

3.
```
>>> numbers = 10, 5, 4, 1, 3
>>> numbers[4] = 100
```

4.
```
>>> numbers = (10, 5, 4, 1, 3)
>>> numbers[4]
```

Step 08　組み込み型 タプル | **33**

応用②

「8.3　アンパック」を参考に、それぞれのa，b，c，d，eの結果を考えましょう。

```
>>> numbers = 10, 5, 4, 1, 3
>>> a, b, c, d, e = numbers
>>> a, b, c, d, e
(      )
>>> a, b, c, d, e = b, c, d, e, a
>>> a, b, c, d, e
(      )
```

Step 09 組み込み型 辞書

他の言語では、辞書のことを「連想配列」「ハッシュ」「ハッシュマップ」と呼ぶ場合もあります。本書で「分子」と表現した型の中では、リストと並んでよく使うことになるでしょう。

要点

9.1 辞書とは

リストでは、位置に対して値が紐付いていました。一方、辞書では名前に対して値が紐付きます。実行結果9.1.1を見てください。

実行結果9.1.1

```
>>> report = {'math': 80, 'science': 100}
>>> report
{'math': 80, 'science': 100}
>>> report['math']
80
>>> report['science']
100
>>> empty_dict = {}
```

辞書は、波括弧の中に'キーとなる名前':'値'の形式で定義します。値はどんな型でもよいのですが、キーとなる名前はイミュータブルなオブジェクト[※2]でなければなりません。今回の'math'のように文字列が一番使われますが、数値やタプルを使うこともあります。辞書から値を取り出すには['math']のようにキーを指定し、空の辞書は波括弧の中を空にして定義します。実行結果9.1.2のように、組み込み関数のdictを使って辞書型に変換することもできます。たとえば、「2要素のリストを持つリスト」や「2文字ずつの文字列が入ったリスト」を辞書型に変換することもできます。ただし、使用頻度はそれほど多くありません。

（※2）Pythonでは、変数に格納できる値やデータといったものを「オブジェクト」と表現します。1はint型のオブジェクト、'Hello'はstr型のオブジェクトです。

実行結果9.1.2

```
>>> dict([['sato', 'taro'], ['tanaka', 'jiro']])
{'sato': 'taro', 'tanaka': 'jiro'}
>>> dict(['ab', 'cd', 'ef'])
{'a': 'b', 'c': 'd', 'e': 'f'}
```

実行結果9.1.3

```
>>> report = {'math': 80, 'science': 100}
>>> report['japanese'] = 70
>>> report
{'math': 80, 'science': 100, 'japanese': 70}
>>> del report['science']
>>> report.pop('japanese')
70
>>> report
{'math': 80}
>>> report['math'] = 100
>>> report
{'math': 100}
>>> report['japanese']
Traceback (most recent call last):
  File "<stdin>", line 1, in <module>
KeyError: 'japanese'
```

　辞書への追加・削除は簡単です（実行結果9.1.3）。追加する場合は、['japanese'] = 70のようにします。削除する場合は、del文かpopメソッドが使えます。popメソッドはリストと同様に、削除された値も返されます。辞書を扱ううえで重要な概念として、キーの重複は許されません。実行結果9.1.3の10行目のように、すでにある名前に対して代入をすると上書きされます。存在しないキーにアクセスした場合は、KeyErrorとなります。このエラーを見かけたら、キーが存在するかを確認しましょう。

9.2　辞書のメソッド

　辞書の便利なメソッドを表9.2.1に載せます。辞書はミュータブル（変更可能）な型のため、値を返さずに自身を変更する操作があります。それらは<inplace>としています。popのように、自身を変更しつつ何らかの値を返す操作もあります。

表9.2.1　辞書の便利なメソッド

メソッド名	概要	例
clear<inplace>	辞書の中身を空にする	my_dict.clear()
copy	内容をコピーした新しい辞書を返す	{'name': '太郎'}.copy() ⇒ {'name': '太郎'}
get	キーに対応した値を返す。キーが存在しなければ第2引数を返す※1	my_dict.get('age', 20) ⇒ 20

36

メソッド名	概要	例
fromkeys	リストなどを受け取り、各値をキーにした新しい辞書を返す※2	my_dict.fromkeys([1, 2, 3], 100) ⇒ {1:100, 2:100, 3:100}
pop\<inplace>	要素を削除する	my_dict.pop('name') ⇒ '太郎'
popitem\<inplace>	要素を削除する※3	my_dict.popitem() ⇒ ('name', '太郎')
setdefault\<inplace>	キーが存在すればその値を返す。そうでなければキーに第2引数の要素を追加し、第2引数を返す	my_dict.setdefault('height', 170) ⇒ 170
update\<inplace>	辞書同士を結合する。同じキーがあった場合は、第2引数の辞書の値で上書きされる	my_dict.update({'name':'次郎'})

※1 [key名]と違いKeyErrorにならない。第2引数を省略するとNone。
※2 第2引数を省略するとNone。
※3 popと違い、対象を選べない。また、(キー,値)のタプルを返す。

ワーク

基礎①

実行結果9.1.1、実行結果9.1.3を参考に、括弧の中の処理を考えましょう。

```
>>> report = {'math': 80, 'science': 100}
>>> (    )
>>> report
{'math': 80, 'science': 100, 'japanese': 30}
>>> report[(    )]
100
>>> (    )
>>> report
{'math': 80, 'science': 100, 'japanese': 30, 'pc': 100}
```

Step 09　組み込み型 辞書 | **37**

基礎②

表9.2.1のgetメソッドを見ながら、それぞれの結果を考えましょう。

```
>>> profile = {'age': 18, 'name': 'taro', 'phone': '000-0000-0000'}
>>> profile.get('age')
(    )
>>> profile.get('name')
(    )
>>> profile.get('address', '沖縄')
(    )
```

応用

表9.2.1のupdateメソッドとヒント（#で始まるコメント）を見ながら、括弧の中に入る処理を考えましょう。

```
>>> profile = {'name': 'sato', 'age': 27, 'phone': '000-0000-0000',
'address': '北海道'}
>>> (    )  # ここで新しい辞書を定義...
>>> (    )  # updateメソッドで一括変更しましょう。
>>> profile
{'name': 'yosida', 'age': 28, 'phone': '000-0000-0000', 'address': '東京'}
```

38

Step 10 組み込み型 集合

集合も型の1つですが、リスト・辞書に比べると、あまり使わない型です。しかし、ある目的においては非常に役に立ちます。

要点

10.1 集合とは

集合は辞書に似ています。「辞書をキーだけにしたもの」と考えましょう。

実行結果10.1.1

```
>>> numbers = {1, 2, 3, 4, 5}
>>> numbers
{1, 2, 3, 4, 5}
>>> empty_set = set()
>>> empty_set
set()
```

波括弧の中にカンマ区切りで値を入れます。リストやタプル同様に、どんな型でも格納でき、数も好きなだけ追加できます。空のセットを作る場合は、組み込み関数のsetを「引数なし」で呼び出します。空の波括弧は空辞書になってしまうので、注意してください。set関数の引数にリストやタプル、辞書などを渡すと集合型に変換されます。

実行結果10.1.2

```
>>> numbers = {1, 2, 1, 3, 1, 2, 5}
>>> numbers
{1, 2, 3, 5}
>>> set([1, 2, 1, 1, 1, 1, 3, 4, 1])
{1, 2, 3, 4}
>>> numbers.add(6)
>>> numbers
{1, 2, 3, 5, 6}
>>> numbers.remove(6)
>>> numbers
{1, 2, 3, 5}
```

辞書と同様に、集合もキーの重複はできません。実行結果10.1.2のように、同じ値があった場合は無視されます。これを利用し、リストなどのデータを集合に変換して、重複した値を消す処理によく使われます。要素の追加にはaddメソッドを使い、削除にはremoveメソッドを使います。

Step 10 組み込み型 集合 | **39**

10.2 集合のメソッド

集合は重複データの除去だけでなく、積集合、和集合、差集合、排他的論理和といった数学的演算に役立つ機能が揃っています。むしろ、こちらが目当ての機能かもしれません。実行結果10.2.1では、ミュータブル、イミュータブル、シーケンス型を文字列として、それぞれ定義しています。

実行結果10.2.1

```
>>> mutable = {'list', 'dict', 'set'}
>>> imutable = {'str', 'number', 'tuple'}
>>> seq = {'list', 'tuple', 'str'}
```

ミュータブルであり、シーケンスでもある要素を抜き出してみます（積集合）。＆演算子またはintersectionメソッドを使います。

実行結果10.2.2

```
>>> mutable & seq
{'list'}
>>> mutable.intersection(seq)
{'list'}
```

ミュータブルまたはシーケンスの要素を抜き出してみます（和集合）。|演算子またはunionメソッドを使います。

実行結果10.2.3

```
>>> mutable | seq
{'set', 'tuple', 'str', 'dict', 'list'}
>>> mutable.union(seq)
{'set', 'tuple', 'str', 'dict', 'list'}
```

イミュータブルであり、シーケンスでないものを抜き出します（差集合）。-演算子またはdifferenceメソッドを使います。

実行結果10.2.4

```
>>> imutable - seq
{'number'}
>>> imutable.difference(seq)
{'number'}
```

シーケンスまたはミュータブルであり、シーケンスでありミュータブルでもあるものを除きます（排他的論理和）。^演算子またはsymmetric_differenceメソッドを使います。

実行結果 10.2.5

```
>>> mutable ^ seq
{'set', 'tuple', 'str', 'dict'}
>>> mutable.symmetric_difference(seq)
{'set', 'tuple', 'str', 'dict'}
```

ワーク

基礎①

6行目で表示される内容を考えましょう。

```
>>> numbers = set()
>>> numbers.add(1)
>>> numbers.add(1)
>>> numbers.add(1)
>>> numbers
(    )
```

基礎②

4行目で表示される内容を考えましょう。

```
>>> numbers = [1, 1, 1, 1, 1]
>>> numbers = set(numbers)
>>> numbers
(    )
```

Step 10　組み込み型 集合　**41**

Step 11 組み込み型 まとめ

まだ説明していない2つの型を紹介し、今まで学習した型を振り返ります。

要点

11.1 bool型

実行結果11.1.1

```
>>> type(True)
<class 'bool'>
>>> type(False)
<class 'bool'>
```

bool型には2つの値があります。TrueとFalseで、この2つしかbool型の値はありません。TrueとFalseは文字列のステップでも登場しています。文字列が「指定した単語で始まるか」を確認するstartswithメソッドは、「指定した単語」で始まっていればTrue、そうでなければFalseを返すメソッドです。Trueは「真」を意味し、正しいことを表すのに使われます。Falseはその反対です。Pythonに限らず、True・Falseはよく使われる概念なので、早めに慣れておきましょう。「Step 12～13 条件分岐 if文」のステップでは、このTrue・Falseをよく使うことになります。

11.2 NoneType型

実行結果11.2.1

```
>>> type(None)
<class 'NoneType'>
```

NoneType型はさらにシンプルです。Noneという値しか存在しません。Falseと少し似ており、「空 (empty)」を表すのに使われたり、関数やメソッドで返す値がない場合に返されます。「何もないことを表すもの」と覚えておけば充分です。

11.3 組み込み型まとめ

これまでに学習したデータ型は、ミュータブル型またはイミュータブル型に分けられ、シーケンス型に所属する型もありました。それらをまとめたのが表11.3.1です。確認しましょう。

表11.3.1 データ型

	ミュータブル or イミュータブル	シーケンス
文字列（str型）	イミュータブル	yes
数値（int型、float型）	イミュータブル	no
リスト（list型）	ミュータブル	yes
タプル（tuple型）	イミュータブル	yes
辞書（dict型）	ミュータブル	no
集合（set型）	ミュータブル	no

ワーク

基礎①

次のうち、シーケンス型の説明として誤っているものを1つ選びましょう。

1. シーケンス型は、sequence[0]のようにして位置に対応する値を取り出せる。
2. シーケンス型は、sequence[:10]のようにして範囲の値を取り出せる。
3. シーケンス型はリスト、タプル、文字列などが該当し、集合はシーケンス型ではない。
4. シーケンス型はすべて、sequence[0] = 100のような代入をサポートする。

基礎②

次のうち、ミュータブル型、イミュータブル型の説明として誤っているものを1つ選びましょう。

1. イミュータブル型は、自身を変更する操作がない。
2. ミュータブル型は、リスト、辞書、集合などが該当する。
3. イミュータブル型は、整数、浮動小数点数、文字列、タプルなどが該当する。
4. ミュータブル型のデータはすべて、mutable[0] = 'hello'のような代入をサポートする。

Step 11　組み込み型 まとめ　**43**

Step 12 条件分岐 if 文 ①

if 文を覚えると、できることが格段に増えます。本格的なプログラムも作成できるようになります。今回から複数行の処理が多くなるため、ファイルにプログラムを書いて実行します。付録 C を見ながら、ファイルに Python プログラムを書いて実行する方法を確認しておいてください。

― 要点 ―

12.1 if 文の基本

if 文の構文は次のとおりです。

```
if 条件式:
    処理A
```

条件式の部分には、True か False となる式を書きます。12.2 項で説明しますが、処理 A の前には必ず半角スペースを 4 つ入れます。文字列に startswith というメソッドがありましたが、それを実際に使ってみましょう。リスト 12.1.1 です。

今後は対話モードではなく、ファイルに Python プログラムを書いていきます（付録 C 参照）。

リスト 12.1.1

```
your_name = input()
if your_name.startswith('佐藤'):
    print('あなたは佐藤さんです')
```

1 行目の組み込み関数 input は、入力された文字列を受け取る関数です。コマンドプロンプトなどで入力を受け付ける状態になるので、文字列を入力しエンターキーを押すと、your_name 変数に入力された文字列が入ります。その文字列に対して、startswith メソッドで「佐藤から始まるか？」をチェックします。「佐藤 太郎」のように入力していれば True となるため、3 行目のコードが実行されます。対話モードでは結果が自動表示されましたが、プログラムをファイルに書いて結果を表示するときは、組み込み関数の print を使う必要があります。print 関数は自動で改行され、文字列にシングルクォーテーションがつくこともありません。リスト 12.1.2 で確認しましょう。

リスト 12.1.2

```
print('hello')
print('world')
print(12345)
```

実行結果

```
hello
world
12345
```

佐藤さんだけでは寂しいので、田中さんかどうかも確認してみましょう。リスト12.1.3です。

リスト12.1.3

```
your_name = input()
if your_name.startswith('佐藤'):
    print('あなたは佐藤さんです')
elif your_name.startswith('田中'):
    print('こんにちは田中さん')
```

条件を加える場合は、elif...と続けます。elifは好きなだけ追加できます。また、条件A、条件B、それ以外、のように書きたい場合もあるはずです。その場合はelseを使います。

リスト12.1.4

```
your_name = input()
if your_name.startswith('佐藤'):
    print('あなたは佐藤さんです')
elif your_name.startswith('田中'):
    print('こんにちは田中さん')
else:
    print('知らない人です')
```

if～elif～else内の処理は、どれか1つしか実行されないことに注意してください。つまり、リスト12.1.4ならば「3行目、5行目、7行目のどれか1つしか実行されない」ということです。ifブロックの中にさらにif文を書くような、入れ子の構造にもできます。

12.2 インデント

処理の前に半角スペースを4つ入れていました。これは「字下げ」「インデント」と呼ばれるものです。これがなぜ必要かを説明します。以下を見てください。プログラミング言語によっては、ifブロックを波括弧で囲むことがあります（以下はC言語のコードです）。

Step 12　条件分岐 if文① **45**

```
if （条件式） {
処理A;

}else{
処理B;

}
```

　条件式に当てはまれば処理Aが、そうでなければ処理Bが実行されます。しかし、少々見づらいと感じるはずです。処理が複雑になると、この書き方はバグの温床になります。コードを見やすくするために、以下のように書くのが一般的です。

```
if （条件式） {
    処理A;

}else{
    処理B;

}
```

　これで見やすくなりました。処理Aと処理Bが「どこに所属しているか？」がはっきりわかります。プログラミング言語によっては、インデントはあくまでコードを見やすくするために行います。ifとelseの処理範囲はそれぞれ波括弧内で、この範囲のことをブロックと表現します。しかし、「インデントだけで処理の範囲を決めれるのではないか？」という考えが生まれました。Pythonはこの考えを採用し、「処理がどこに所属するか？」をインデントで決めます。インデントを使う際によく論争になるのは、「タブを使うか半角スペースを使うか？」、「半角スペースなら何個のスペースを入れるか？」というものです。Pythonにおいては、半角スペース4つを守るようにしてください。エディタによっては、タブキーで半角スペース4つに自動で置換される場合もあります。
　ちなみに、変数やクラス名をどういう名前にするか、インデントはどうするか、空白行はいくつか、などのコーディングスタイルのガイドラインとして、Python公式が出している「PEP8」があります。

https://www.python.org/dev/peps/pep-0008/

ワーク

基礎① ・・

　次のうち、Pythonのインデントとして推奨されているものを1つ選びましょう。

1. インデントには半角スペースを2つ使う。
2. インデントにはタブを使う。
3. インデントには半角スペースを4つ使う。
4. インデントには半角スペースとタブを混ぜて使う。

基礎②

以下のプログラムの実行結果を考えましょう。

```
name = '田中 太郎'
if name.endswith('太郎'):
    print('こんにちは、太郎')
else:
    print('はじめまして')
```

実行結果

(　　　)

応用

以下のプログラムの実行結果を考えましょう。

```
name = '田中 太郎'

if name.startswith('田中'):
    print('こんにちは、田中')
else:
    print('はじめまして')

if name.endswith('太郎'):
    print('こんにちは、太郎')
```

実行結果

(　　　)

Step 12　条件分岐 if文①　**47**

Step 13 条件分岐 if 文②

他言語にはswitch文という条件分岐の仕組みがありますが、Pythonではif文だけです。

要点

13.1 比較演算

条件式にはTrueかFalseとなる式を書くと説明しました。True / Flaseを返すメソッドや関数を使うことも多いですが、さらに柔軟に使うこともできます。リスト13.1.1を見てください。

リスト 13.1.1

```
your_name = input('名前を入力してください(8文字以上) >>> ')
if len(your_name) < 8:
    print('名前が短すぎます!')
```

組み込み関数inputは文字列を引数として渡すことができ、入力を待ち受けるメッセージを表示します。2行目では、組み込み関数lenに「入力された文字列」を渡し、文字の長さを取得します。< 8とすることで、8文字より小さい場合にTrueとなります。<(小なり)の部分が比較演算子です。ほかにも、いくつかの比較演算子があるので、表13.1.1で確認しましょう。

表13.1.1 比較演算子

演算子	意味
<	より小さい
<=	以下
>	より大きい
>=	以上
==	等しい
!=	等しくない
is	同一のオブジェクトである
is not	同一のオブジェクトでない
in	含む

in演算子は、含むかどうかのチェックです。これまでに学習した型のほとんどで利用できます。

リスト13.1.2

```python
if '5' in '12345':  # 文字列
    print('5を含む')

if 5 in [1, 2, 3, 4, 5]:  # リスト
    print('5を含む')

if 5 in (1, 2, 3, 4, 5):  # タプル
    print('5を含む')

if 5 in {1, 2, 3, 4, 5}:  # 集合
    print('5を含む')

if 5 in {5:'ご'}:  # 辞書、キーに含むか
    print('5を含む')
```

isは==と似ていますが、isはもう少し厳密なチェックを行います（リスト13.1.3）。

リスト13.1.3

```python
numbers1 = [1, 2, 3, 4, 5]
numbers2 = numbers1.copy()
print(numbers1 == numbers2)
print(numbers1 is numbers2)
```

実行結果

```
True
False
```

ほとんどの場合、==は「同じ値か？」だけをチェックします。よって、copyメソッドで同じ値のリストを作成しても、==ではTrueとなります。一方isは、「同一か？」をチェックします。copyメソッドで新しく作られたリストは、値は同じですが「別のリスト」です。よって、「同一でない」と判断され、isでの判定はFalseとなりました。ややこしいと思うかもしれませんが、普段のプログラミングにおいてisの使い道はあまり多くありません。よくあるのは値がNoneかチェックする処理で、if a is None:のように使います。

13.2 ブール演算

複数の条件を組み合わせたり、複数条件のどれかを満たせばOKとする場合は、ブール演算を使います。

Step 13　条件分岐if文②　**49**

表13.2.1　ブール演算

演算子	意味
x or y	xとyのどちらかがTrueならばTrue
x and y	xとyの両方がTrueならばTrue
not x	xがFalseならばTrue

リスト13.2.1

```
your_name = input('名前を入力してください(8文字以上12文字以下) >>> ')
if len(your_name) < 8 or len(your_name) > 12:
    print('12文字以下か、8文字以上にしてください')
```

　リスト13.2.1は、orを使うことで2つの条件をつなげています。len(your_name) < 8、または len(your_name) > 12を満たす場合は3行目の処理が実行され、警告が表示されます。len(your_name) が2回も出ているのはパフォーマンス的にも、見た目的にもよろしくありません。変数に格納し、何度でも使えるようにするのがベターです（リスト13.2.2）。

リスト13.2.2

```
your_name = input('名前を入力してください(8文字以上12文字以下) >>> ')
name_length = len(your_name)  # 入力された名前の文字数が入る
if name_length < 8 or name_length > 12:
    print('12文字以下か、8文字以上にしてください')
```

13.3　暗黙のTrue、False

　たとえば、あるリストの「中身が空か？」はどう判別できるでしょうか。他のプログラミング言語の経験があれば、リスト13.3.1のようなコードを思いつくかもしれません。

リスト13.3.1

```
list_a = []
if len(list_a) != 0:
    print('空ではありません')
else:
    print('空です')
```

　「リストが空か？」、「中に何か入っているか？」は、リストの長さで判別できます。「0でなければ、空でないと判断する」という考え方です。処理としては問題ありませんが、Pythonには別の書き方があります。リスト13.3.2を見てください。

50

リスト 13.3.2

```
list_a = []
if list_a:
    print('空ではありません')
else:
    print('空です')
```

　条件式にlist_aと書いただけです。比較演算子やブール演算子を使っていませんが、これは正しく動作します。条件式にリストや文字列などのオブジェクトをそのまま渡した場合に、Falseと評価されるものは表13.3.1のとおりです。

表13.3.1　Falseと評価されるもの一覧

キーワード	意味
' '	空文字列
0	整数の0
0.0	浮動小数点数の0
[]	空リスト
()	空タプル
{}	空辞書
set()	空集合
False	bool型のFalse
None	NoneType型のNone

　これら以外はすべてTrueとみなされます。1要素以上のリスト、1文字以上の文字列、1以上の整数はTrueと評価されます。Pythonらしいコードや考え方を「パイソニック」と表現するのですが、パイソニックなコードを書くための一歩として、この評価の仕組みを積極的に利用しましょう。

Step 13　条件分岐 if文② | **51**

ワーク

基礎

実行結果のとおりになるように、current_time変数の値を考えましょう。

```
current_time = (    )
if current_time < 12:
    print('おはようございます')
elif current_time < 14:
    print('こんにちは')
else:
    print('こんばんは')
```

実行結果

こんにちは

応用

表13.2.1、表13.3.1を参考にして、実行結果のとおりになるように、name変数とage変数の値を考えましょう。

```
name = (    )
age = (    )
if name and age:
    print('ok')
elif name:
    print('年齢が不正です')
elif age:
    print('名前が不正です')
else:
    print('名前と年齢が不正です')
```

実行結果

名前と年齢が不正です

繰り返し for 文①

繰り返しはプログラミングの基本です。条件分岐と組み合わせると、複雑なプログラムを書くことができます。

要点

14.1 for 文の基本

for 文の構文は以下のとおりです。

```
for 変数名 in データの集まり:
    処理
```

データの集まりから順番にデータを取り出すのが for 文の考え方です。実際のコードを見てみましょう（リスト 14.1.1）。

リスト 14.1.1

```
numbers = [1, 2, 3, 4, 5]
for num in numbers:
    print(num ** 2)
```

実行結果

```
1
4
9
16
25
```

1 行目では、数値を格納したリスト numbers から、num という変数名で 1 つずつ取り出します。2 行目の for 文内で、変数 num の 2 乗をした数値を出力します。今回はリストから取り出しましたが、リストに限らず様々なデータから取り出すことが可能です。文字列、タプル、辞書、集合も同様に行えます。for 文に渡せるデータのことを「イテラブル」と呼びます。辞書の場合は、そのまま for 文に渡すとキーが 1 つずつ取り出されます。values メソッド、items メソッドを使うことで、値の一覧やキーと値のペアを取り出すことも可能です（リスト 14.1.2、リスト 14.1.3）。

リスト14.1.2

```
score = {'math': 100, 'science': 90}
for value in score.values():
    print(value)
```

実行結果

```
100
90
```

リスト14.1.3

```
score = {'math': 100, 'science': 90}
for key, value in score.items():
    print(key, value)
```

実行結果

```
math 100
science 90
```

変数名の部分が複数になることもあります。データの集まりから取り出したものが2要素だった場合は、「for a, b in data」のように受け取ることができます。タプルのステップで説明したアンパックを思い出してください。リストの中に3要素のタプルがある場合は、リスト14.1.4のように取り出せます。ちなみに、print関数の引数として複数を渡すと、それらが半角スペース区切りで出力されます。ちょっとした確認の際によく使うので、覚えておきましょう。

リスト14.1.4

```
profiles = [
    ('sato', 170, 74),
    ('tanaka', 180, 70),
    ('yosida', 160, 50),
]

for name, height, weight in profiles:
    print(name, height, weight)
```

最初は('sato', 170, 74)というタプルが取り出されます。3要素なので3つの変数にアンパックすることができます。これを3回(profilesリストの要素の数だけ)繰り返します。リスト14.1.4のような処理もありますが、リスト14.1.3の辞書からキー、値を取り出す処理がよく利用されます。難しい場合は、1つのイディオムとして覚えてください。

54

14.2 breakとelse

たとえば、整数を格納したリストがあり、「10以上の整数があるか？」をチェックしたいとします。素直に書くと、リスト14.2.1のようになります。

リスト14.2.1

```
numbers = [4, 1, 5, 7, 11, 3, 4, 5]
found = False
for num in numbers:
    if num >= 10:
        found = True

if found:
    print('10以上の整数がありました。')
else:
    print('ありませんでした。')
```

このプログラムはfor文とif文の両方を使った初めてのコードです。複雑に思えるかもしれませんが、それぞれの処理はシンプルです。foundという変数を定義し、初期値をFalseとします。forループで整数を順に取り出し、10以上ならばfoundをTrueにします。forループが終わった後にfoundがTrueならば、10以上の整数があったと判断ができます。Falseの変数を定義しておき、ある条件を満たしたときに「Trueを代入する」という処理はよく使われるので、テクニックとして覚えてください。

リスト14.2.1のプログラムは問題なく動いていますが、10以上の整数を見つけた時点で残りのループを処理する必要はなくなります。このようなケースでbreak文が役に立ちます。リスト14.2.2を見てください。

リスト14.2.2

```
numbers = [4, 1, 5, 7, 11, 3, 4, 5]
found = False
for num in numbers:
    if num >= 10:
        found = True
        break   # ここが増えた。10以上の整数ならばループ終了

if found:
    print('10以上の整数がありました。')
else:
    print('ありませんでした。')
```

6行目にbreakと書きました。breakは、現在のループを強制的に抜け出すことができます。#（シャープ）の部分は、コメントという機能です。コメントはプログラムを説明する文章のことで、#以降はプログラムとは解釈されず、好きな説明を書くことができます。今後はプログラム内にコメントで捕捉も入れていきます。

Step 14　繰り返しfor文①　**55**

実は、リスト 14.2.2 のコードは別の書き方ができます。リスト 14.2.3 です。

リスト 14.2.3

```
numbers = [4, 1, 5, 7, 11, 3, 4, 5]
for num in numbers:
    if num >= 10:
        print('10以上の整数がありました。')
        break    # 10以上の整数ならばループ終了

else:    # このelseは、breakされなければ実行される
    print('ありませんでした。')
```

　for 〜 else 構文は、for ループ中に break されなければ else が実行されます。found 変数が必要なくなり、すっきりしたように見えます。ただし、この for 〜 else を嫌う人もいます。「else という言葉の意味的にしっくりこない」、「条件分岐 if 〜 else が近くにあった場合に紛らわしい」というのが理由です。また、break されなかった場合の処理は else 内（8 行目）に書けますが、break された場合の処理は for ループ内（5 行目）に書く必要があり、離れて見えます。リスト 14.2.2 の 8 〜 11 行目のように、まとめることができません。慣れないうちは、found 変数を使ってチェックをする方法をお勧めします。

ワーク

基礎① ••

リスト 14.1.1 を参考に、numbers 変数の中身を考えましょう。

```
numbers = (    )
for num in numbers:
    print(num)
```

実行結果

```
1
2
3
4
5
```

基礎②

リスト14.1.1を参考に、以下のfor文を使ったプログラムの実行結果を考えましょう。

```
menu = ['チャーハン', 'ラーメン', '餃子']
for food in menu:
    print(food)
```

実行結果

```
(    )
```

応用①

括弧の中を埋めて、実行結果のとおりになるようにしましょう。リスト14.1.2、またはリスト14.1.3が参考になります。

```
menu = (    )
for key, value in (    ):
    print(key, value)
```

実行結果

```
チャーハン 680
ラーメン 700
```

応用②

2行目でnumbers変数に何らかの処理を加えて、実行結果のとおりになるプログラムにしましょう。ステップ6～7で説明したsortメソッド、またはスライスでの逆順を思い出しましょう。

```
numbers = [1, 2, 3, 4, 5]
(    )
for num in numbers:
    print(num)
```

実行結果

```
5
4
3
2
1
```

Step 14　繰り返し for文① | **57**

Step 15 繰り返し for 文②

for文の機能は、リストやタプルからデータを取り出すだけではありません。
range、enumarate、zipといったforループでよく使う組み込み関数を紹介
していきます。

要点

15.1 指定回数の繰り返し

　繰り返し処理では、「指定回数だけ繰り返す」という処理をよく利用します。他の多くのプログラミング言語では、指定回数だけ繰り返すための特殊な構文をサポートしていますが、Pythonではfor文で書けます。

リスト 15.1.1

```
# 0から9まで繰り返す
for i in range(10):
    print(i, end=' ')  # 改行ではなく、半角スペースで区切る
```

実行結果

```
0 1 2 3 4 5 6 7 8 9
```

　print関数はデフォルトで改行されますが、これを変えたい場合はend引数を指定します。今回はend引数に半角スペースを指定したので、出力が半角スペースで区切られました。for文はデータの集まりから順に取り出す処理でした。range(10)で0から9までの整数の集まりを作成し、それを順番に取り出すことで指定回数の繰り返し処理を行います。iという安易な変数名を使っていますが、これは慣習的なものです。指定回数だけ繰り返す場合はiを使うのが一般的です。forをネストする場合は、さらにj, k, ...といった変数名がよく使われます。1から10まで繰り返す場合は、リスト15.1.2のようにrange(start, end)と引数を指定します。

リスト 15.1.2

```
# 1から10まで繰り返す
for i in range(1, 11):
```

　また、range関数にはステップも指定できます。range(start, end, step)です。1, 3, 5, 7, 9...のように1つ飛ばしで出力したい場合は、リスト15.1.3のようにします。

58

リスト 15.1.3

```
# 1から10まで、1つ飛ばしで出力する
for i in range(1, 11, 2):
```

15.2 rangeオブジェクト

これまでの挙動を見ると、range関数はある範囲の整数のリストを作っているように見えます。実際に確認してみます。リスト15.2.1を見てください。

リスト 15.2.1

```
numbers = range(10)
print(numbers)   # リストができたならば、[0, 1, 2...]と表示される
print(type(numbers))   # リストができたならば、<class 'list'>と表示される
```

実行結果

```
range(0, 10)
<class 'range'>
```

実行結果を見ると、リストではありません。返しているのはrangeという特殊な型です。以前の「2系」のPythonでは、rangeはリストを作成する関数でした。しかし、現在の「3系」のPythonでは少し違います。

2系のリスト作成アプローチの問題点は、range関数の引数が億などの膨大な数であった場合に、長さが億のリストを作成しようとすることです。これはメモリ的によくありません。そこで、リストを作るのではなく、「必要なときだけ値を生成して返す」というアプローチがとられるようになりました。この方法ならば毎回のforループで1つの値しか使わず、メモリ不足になることはありません。実際に、range(100000000...)のように書いても動作します（ただし、終わるまでに膨大な時間が掛かります。途中で強制終了する場合はCtrl＋Cキーを押します）。

辞書のvalues、itemsメソッドで返していたのも、このようなデータです。もしも、1から10までの「リスト」が欲しい場合は、組み込み関数のlistとrangeを組み合わせます。range関数の結果をリストに変換したい場合のイディオムとして覚えておいてください。

リスト 15.2.2

```
# list関数に、range関数の結果を渡す
numbers = list(range(10))
print(numbers)
print(type(numbers))
```

Step 15 繰り返し for文② **59**

実行結果

```
[0, 1, 2, 3, 4, 5, 6, 7, 8, 9]
<class 'list'>
```

15.3 enumarate と zip

　リストから順に要素を取り出して、「リスト内の位置を取得したい」という処理をしたいとします。他言語の経験者であれば、リスト15.3.1のような処理を思いつくかもしれません。

リスト15.3.1

```
meats = ['豚肉', '牛肉', '鶏肉', '羊肉']
for i in range(len(meats)):
    print(i, meats[i])
```

実行結果

```
0 豚肉
1 牛肉
2 鶏肉
3 羊肉
```

　len(meats)は4になり、2行目のrangeはrange(4)となります。0から3までの値をiとして取り出し、iとmeats[i]を出力します。meatsの肉がいくら増えようと、このコードは問題なく動きます。len関数を使ったサンプルとしては優秀ですが、パイソニスタ（Pythonを使う人達）はリスト15.3.2のように書きます。

リスト15.3.2

```
meats = ['豚肉', '牛肉', '鶏肉', '羊肉']
for i, meat in enumerate(meats):
    print(i, meat)
```

実行結果

```
0 豚肉
1 牛肉
2 鶏肉
3 羊肉
```

60

秘密は組み込み関数enumerateです。meatsから順に取り出す際に、インデックスも一緒に返してくれます。もしインデックスを1から始めたい場合は、enumerate(meats, 1) とします。これもrangeのようなオブジェクトを返しますので、リストなどに変換する場合はリスト15.3.3のようにします。

リスト 15.3.3

```
meats = ['豚肉', '牛肉', '鶏肉', '羊肉']
meats1 = list(enumerate(meats))
meats2 = dict(enumerate(meats))
print(meats1)
print(meats2)
```

実行結果

```
[(0, '豚肉'), (1, '牛肉'), (2, '鶏肉'), (3, '羊肉')]
{0: '豚肉', 1: '牛肉', 2: '鶏肉', 3: '羊肉'}
```

　もう1つ、for文でよく使う組み込み関数を紹介しましょう。zipです。

リスト 15.3.4

```
meats = ['豚肉', '牛肉', '鶏肉', '羊肉']
vegetables = ['ブロッコリー', 'レタス', 'ニンジン', 'アボガド']
for m, v in zip(meats, vegetables):
    print(m, v)
```

実行結果

```
豚肉 ブロッコリー
牛肉 レタス
鶏肉 ニンジン
羊肉 アボガド
```

　zipは2つのコンテナ（リストやタプル、辞書など、中に複数のデータを入れられる型）を並列に処理できます。長さが違うコンテナの場合、短い方が基準に処理されます。たとえば、上記の例でアボガドがなかった場合は、羊肉は処理されなくなります。

Step 15　繰り返し for文②　**61**

ワーク

基礎 •••

「15.1　指定回数の繰り返し」を参考に、次のfor文の実行結果を考えましょう。

```
for i in range(0, 10, 2):
    print(i, end=',')
```

実行結果

(　　)

応用① •••

2つの括弧の中には、range関数の呼び出しが入ります。実行結果のとおりになるように、埋めましょう。

```
for i in (    ):
    for j in (    ):
        result = '{0} * {1} = {2}'.format(i, j, i*j)
        print(result)
```

実行結果

```
1 * 1 = 1
2 * 1 = 2
3 * 1 = 3
1 * 2 = 2
2 * 2 = 4
3 * 2 = 6
1 * 3 = 3
2 * 3 = 6
3 * 3 = 9
```

応用②

リスト15.3.1、リスト15.3.2を参考に、以下のプログラムを組み込み関数enumerateを使って書き直してください。

```python
heights = [170, 180, 165, 171, 170]
for i in range(len(heights)):
    print(i, heights[i])
```

実行結果

```
0 170
1 180
2 165
3 171
4 170
```

Step 16

繰り返し while 文

Pythonの繰り返し構文は、forとwhileの2つだけです。他のプログラミング言語によくあるdo～while構文などはありません。

要点

16.1　while文とは

　for文が行っているのは、「データを順番に取り出す」という処理です。指定回数の繰り返しであっても、アプローチとしては「nまでの整数を順に取り出す」というものでした。繰り返し処理の中には、繰り返し回数が決まっておらず、「ある条件・状態の間は繰り返す」という処理もよく出ます。それを実現するのがwhile文で、書き方は以下のとおりです。

```
while 条件式:
    処理
```

　条件式がTrueの間、処理を繰り返します。while文はfor文よりも柔軟で、for文で書ける処理はwhile文でも書くことができます。

リスト 16.1.1

```
# 1から10まで出力するサンプル
now = 1
while now <= 10:  # nowが10以下の間はループし続ける
    print(now, end=' ')
    now += 1
```

実行結果

```
1 2 3 4 5 6 7 8 9 10
```

リスト 16.1.2

```
# データを順番に取り出すサンプル
meats = ['豚肉', '牛肉', '鶏肉', '羊肉']
i = 0
while i < len(meats):  # i < 4、iには0, 1, 2, 3が入る
    print(meats[i], end=' ')
    i += 1
```

実行結果

```
豚肉 牛肉 鶏肉 羊肉
```

64

リスト16.1.1とリスト16.1.2は、どちらもfor文で書ける処理です。while文で書き直すと、少しわかりにくくなります。for文で書ける処理はfor文を使い、for文で書けない場合はwhile文を使いましょう。while文が最適な処理は、リスト16.1.3のように、「ユーザーの入力」により終了条件が変化する場合です。

リスト16.1.3

```python
flag = True
while flag:
    command = input('exitで終わり > ')
    if command == 'exit':
        print('処理を終了します。')
        flag = False
    if command == '0':
        print('0番の処理を開始')
    elif command == '1':
        print('1番の処理を開始')
```

実行結果

```
exitで終わり > 0
0番の処理を開始
exitで終わり > 1
1番の処理を開始
exitで終わり > exit
処理を終了します。
```

リスト16.1.3は、ユーザーの入力を受け付け、exitが入力されたら処理を終了するサンプルです。はじめにflag=Trueと宣言しておき、while flagのループに入ります。exitが入力された場合はflag変数をFalseにし、ループを抜けます。好みの問題ですが、リスト16.1.4のような書き方もよく行います。

リスト16.1.4

```python
while True:   # 無限ループを作る
    command = input('exitで終わり > ')
    if command == 'exit':
        print('処理を終了します。')
        break   # breakでループを抜ける
    if command == '0':
        print('0番の処理を開始')
    elif command == '1':
        print('1番の処理を開始')
```

while文でもbreakやelseを利用できるので、覚えておいてください。

Step 16　繰り返しwhile文 **65**

ワーク

基礎①

次のうち、while文で書くべきものを1つ選びましょう。

1. リスト内の値を順番に出力する。
2. 1から10まで繰り返し、それぞれの値を出力する。
3. ループの中でユーザーの入力を受け付け、ある入力のときに終了する。

基礎②

次のプログラムは、10から1まで表示するプログラムです。括弧の中に入る処理を考えましょう（リスト16.1.1が参考になります）。

```
# 10から1まで出力するサンプル
now = 10
while now >= 1:  # nowが1以上の間はループし続ける
    print(now, end=' ')
    (    )
```

実行結果

```
10 9 8 7 6 5 4 3 2 1
```

応用

次のプログラムを実行すると、途中で入力が求められます。while文の処理を見ながら、（**あなたの入力**）に入る文字を考えましょう。リスト16.1.4が参考になります。

```
while True:
    your_name = input('あなたの名前は? （exitで終了)>')
    if your_name == 'exit':
        print('処理を終了します。')
        break
    else:
        print(your_name)
```

実行結果

```
あなたの名前は? （exitで終了)> （あなたの入力)
taro
あなたの名前は? （exitで終了)> （あなたの入力)
処理を終了します。
```

66

関数①

混乱しないように、数学の関数とは別と考えることをお勧めします。

要点

17.1 関数とは

これまでは、組み込み関数やメソッドを利用してきました。どちらもPythonに用意されている便利な機能ですが、このような便利な機能を自分で作成することもできます。このステップでは、関数を自作する方法を説明します。最もシンプルな関数の定義方法は以下のとおりです。

```
def 関数名():
    処理
```

「Hello!!」と出力するだけの関数を作成し、呼び出してみます。いちど関数を定義すれば、それを何度でも、好きなときに呼び出すことができます。

リスト 17.1.1

```python
def say_hello():
    print('Hello!!')

# say_hello関数を3回呼び出す
say_hello()
say_hello()
say_hello()
```

実行結果

```
Hello!!
Hello!!
Hello!!
```

関数の定義を先に書く、というのは少し慣れないかもしれません。もし関数を定義する前に関数を呼び出そうとすると、エラーになります。

リスト 17.1.2

```python
# 関数定義より前に呼び出す
say_hello()
```

```
def say_hello():
    print('Hello!!')
```

実行結果

```
Traceback (most recent call last):
  File "main.py", line 1, in <module>
    say_hello()
NameError: name 'say_hello' is not defined
```

say_hello関数内の処理は、インデントされた部分です。したがって、リスト17.1.3の3行目はsay_hello関数の処理ではありません。

リスト17.1.3

```
def say_hello():
    print('Hello!')
print('Workd')  # ここはsay_hello関数の外
```

関数を定義する目的はいくつかに分けられます。

1. 再利用

同じコードを繰り返し書くのは退屈です。重複コードを見つけたら、関数にまとめることを検討しましょう。また、今後の拡張で何回も使いそうな処理を、あらかじめ関数にしておくこともよい習慣です。

2. コードへの名前付け

一度しか出現しない処理であっても、それを関数として定義するほうがよい場合もあります。コードの塊に名前を付けることで、処理を名前で捉えることでき、プログラムの流れを把握しやすくなります。たとえば、プログラム全体の初期設定をはじめに行うとしましょう。長々とコードを書くより、setupのような関数にまとめたほうがわかりやすくなります。

3. 他の開発者への機能提供

組み込み関数の中には、他の組み込み関数から利用されていないものもあります。では、なぜ提供されているかというと、他の開発者のためです。1, 2を他の開発者に向けた、と考えましょう。

17.2 引数

皆さんは、すでに引数を利用しています。str('10')のように、丸括弧の中に書いていました。このように、丸括弧内に渡したデータを関数で受け取るにはリスト17.2.1のようにします。

68

リスト17.2.1

```
def say_your_name(name):
    print(name)


say_your_name('taro')
```

実行結果

```
taro
```

　4行目の引数 'taro' を「**実引数**」（実際に渡す値）、1行目の引数nameを「**仮引数**」（関数内で参照する仮の名前）と呼ぶこともあります。リスト17.2.2のように、関数を呼び出す際に「仮引数名＝実引数」と渡すこともできます。これを「キーワード引数」と呼びます。

リスト17.2.2（キーワード引数での関数呼び出し）

```
say_your_name(name='taro')
```

　複数の引数を受け付けることもできます。リスト17.2.3のように、仮引数をカンマ区切りで定義します。

リスト17.2.3

```
def say_your_name(name1, name2, name3):
    print(name1, name2, name3)

say_your_name('taro', 'jiro', 'hanako')
```

実行結果

```
taro jiro hanako
```

　仮引数と実引数の数が合わないと、エラーになります（リスト17.2.4）。

リスト17.2.4（エラーとなる関数呼び出し）

```
say_your_name('taro', 'jiro')   # name3に対応する引数がない!!
```

実行結果

```
Traceback (most recent call last):
  File "main.py", line 5, in <module>
    say_your_name('taro', 'jiro')   # name3に対応する引数がない!!
TypeError: say_your_name() missing 1 required positional argument: 'name3'
```

Step 17　関数① | **69**

17.3 戻り値

戻り値（返り値とも呼ぶ）も、すでに使用しています。文字列のメソッドはすべて「何らかの文字列」を返していました。この返しているものが戻り値です。戻り値を定義するには、17.3.1のようにします。

リスト17.3.1

```python
def check_name(name):
    # 名前チェック。8文字以上ならばTrueを返す
    if len(name) < 8:
        return False
    else:
        return True

your_name = input('君の名は > ')
if check_name(your_name):
    print('OK')
else:
    print('名前が不正です')
```

returnの後に、呼び出し元に返す値を指定します。if文を使うと、状況に応じて返す値を変更できます。また、戻り値を複数にすることもできます。リスト17.3.2で確認しましょう。

リスト17.3.2

```python
def test_func():
    return 1, 2, 3, 4, 5

result = test_func()
print(result)
```

実行結果

```
(1, 2, 3, 4, 5)
```

returnの後にカンマ区切りで返す値を定義していきます。これらはタプルとして呼び出し元に渡されます。アンパックで受け取ることもできます（リスト17.3.3）。

リスト17.3.3（アンパックでの戻り値の受け取り）

```python
a, b, c, d, e = test_func()
```

関数内でreturn文に到達しなかった場合は、Noneが返されます。ほとんどの場合、気にする必要はありませんが、まれに発見しづらいバグを生み出すので注意してください（たとえば、TrueまたはFalseを返す関数で、return文に到達せずにNoneが返り、その結果をif文に渡した場合。FalseもNoneも、条件式ではFalseです）。

70

ワーク

基礎①

次のsay関数を呼び出しましょう。

```
def say():
    print('こんにちは')

(呼び出すコードをここに)
```

実行結果

```
こんにちは
```

基礎②

リスト17.3.2を参考に、create_numbers関数を完成させましょう。

```
def create_numbers()
    (    )  # 1から5までのリストを返す

numbers = create_numbers()
print(numbers)
```

実行結果

```
[1, 2, 3, 4, 5]
```

応用

「17.2 引数」を参考に関数を定義して、実行結果のとおりになるプログラムを作成しましょう。

```
(ここに関数を定義します)

hello(name='太郎', greet='こんにちは')
```

実行結果

```
こんにちは、太郎
```

Step 17　関数①　**71**

関数②

関数定義のdefは、「define（定義する）」の略です。

要点

18.1 デフォルト引数

辞書のgetメソッドを覚えていますか。キーが存在しなければ第2引数を、第2引数を指定しなければNoneが返りました。この動作は仮引数にデフォルト値を持たせることで実現できます。リスト18.1.1を見てください。

リスト 18.1.1

```
def say_your_name(name='名無し'):
    print(name)

say_your_name()
say_your_name('taro')        # デフォルト引数に位置で渡す
say_your_name(name='taro')   # デフォルト引数にキーワードで渡す
```

実行結果

```
名無し
taro
taro
```

関数定義の際に、「**引数名＝デフォルト値**」として定義します。通常の引数と組み合わせる場合は、「通常の引数」の後に「デフォルト引数」を書きます。そうしないと、エラーになります（リスト18.1.2）。関数を呼び出す際も、「位置引数」の後に「キーワード引数」を書きます（リスト18.1.3）。

リスト 18.1.2

```
# エラーとなる引数の書き方
def say_your_name(name='名無し', name2):
    print(name, name2)

say_your_name('taro')
```

実行結果

```
File "main.py", line 1
    def say_your_name(name='名無し', name2):
                      ^
SyntaxError: non-default argument follows default argument
```

リスト 18.1.3

```
def say_your_name(name, name2='名無し'):
    print(name, name2)

# エラーとなる関数の呼び出し方
say_your_name(name2='taro', 'jiro')
```

実行結果

```
File "main.py", line 4
    say_your_name(name2='taro', 'jiro')
                  ^
SyntaxError: positional argument follows keyword argument
```

「デフォルト引数」に対して、これまで利用していた通常の引数を「位置引数」と呼びます。関数を呼び出す際にデフォルト引数を変更したい場合は、位置引数で渡すのではなく、「引数名＝値」のキーワード引数で渡すと、わかりやすくなります（リスト 18.1.1 の6行目）。

18.2　可変長位置引数

可変長とは、長さが決まっていない場合に使う言葉です。Pythonでは、位置引数を好きなだけ受け付ける関数を定義することができます。リスト 18.2.1 で確認しましょう。

リスト 18.2.1

```
def say_names(*names):
    for name in names:
        print(name)

say_names('taro', 'jiro', 'saburo')
```

実行結果

```
taro
jiro
saburo
```

Step 18　関数②　**73**

仮引数に＊（アスタリスク）をつけることで、任意の数の位置引数を受け取れます。今回の例では、'taro', 'jiro', 'saburo'という3つの引数を渡して呼び出しています。これらはタプルとしてnames変数に格納されるので、for文やインデクシングで取り出すことが可能です。普通の位置引数やデフォルト引数と組み合わせる場合は、リスト18.2.2のように「**位置引数, 可変長位置引数, デフォルト引数**」の順番を守ってください。

リスト 18.2.2（異なる種類の引数の順番）

```
# 位置引数, 可変長位置引数, デフォルト引数
def send_mail(to, *cc, frm='frm@a.com')
```

今回の例では ＊names や ＊cc という名前にしましたが、特に名前が思いつかない場合は ＊args（argumentsの略）という引数名にするのが慣習になっています。覚えておきましょう。

18.3 可変長キーワード引数

キーワード引数も任意の数だけ受け取れます。リスト18.3.1を見てください。

リスト 18.3.1

```
def say_profiles(**profiles):
    for key, value in profiles.items():
        print(key, value)

say_profiles(height=170, weight=60, name='taro')
```

実行結果

```
height 170
weight 60
name taro
```

仮引数に ＊＊（アスタリスク2つ）をつけます。可変長位置引数とは違い、辞書として受け取るので、［キー名］やfor文で取り出すことができます。他の引数と組み合わせる場合は、「**位置引数, 可変長位置引数, デフォルト引数, 可変長キーワード引数**」の順番を守ってください。可変長位置引数と合わせて、どのような引数にも対応する関数を作る場合は、リスト18.3.2のようにします。名前が思いつかない場合は、＊＊kwargs（keyword argumentsの略）という名前にするのが慣習です。

リスト 18.3.2（どのような引数にも対応する関数）

```
# 可変長位置引数, 可変長位置引数
def test_func(*args, **kwargs)
```

18.4 キーワード専用引数

あまり一般的には使われていませんが、キーワード専用引数も便利です。デフォルト引数には、位置でもキーワードでも渡すことができました。キーワード専用引数を使うことで、位置で渡すことを禁止できます。

リスト 18.4.1

```
def send_mail(to, *, frm='taro@gggmail.com', cc='cc@a.com', bcc='bcc@a.com'):
    print(to, frm, cc, bcc)


send_mail('to@a.com')
send_mail('to@a.com', frm='frm@a.com')
send_mail('to@a.com', 'frm@a.com')  # これはできない！
```

実行結果

```
to@a.com taro@gggmail.com cc@a.com bcc@a.com
to@a.com frm@a.com cc@a.com bcc@a.com
Traceback (most recent call last):
  File "main.py", line 6, in <module>
    send_mail('to@a.com', 'frm@a.com')  # これはできない！
TypeError: send_mail() takes 1 positional argument but 2 were given
```

frmに位置で引数を渡すとエラーになります（6行目）。通常のデフォルト引数は位置で渡すこともできるため、引数の数が多くなると誤って渡してしまうことがあります。一方、キーワード専用引数の場合は、位置で渡す引数を制限できるので、間違いが少なくなります。

ワーク

基礎①

以下の中でエラーとなる関数定義を1つ選びましょう（処理部分は考慮しないとします）。リスト18.1.2が参考になります。

1.
```
def send_mail(to='to@a.com', frm):
```

2.
```
def send_mail(to, frm):
```

3.
```
def send_mail(to='to@a.com', frm='from@a.com'):
```

4.
```
def send_mail(*args, **kwargs):
```

Step 18　関数②　**75**

基礎②

関数を呼び出す際に、エラーとなるものを1つ選びましょう。リスト18.1.3が参考になります。

```
def send_mail(to, frm):
    print(to, frm)
```

1. ```
   send_mail('to@a.com', 'from2@a.com')
   ```

2. ```
   send_mail('to@a.com', frm='from2@a.com')
   ```

3. ```
   send_mail(to='to@a.com', frm='from2@a.com')
   ```

4. ```
   send_mail(to='to@a.com', 'from2@a.com')
   ```

応用

実行結果のとおりになるように関数を定義しましょう。引数は2つ、どちらもデフォルト値を持つ引数です。

```
（ここに関数を定義しましょう）

say_hello()
say_hello('こんにちは')
say_hello('こんばんは', '田中')
```

実行結果

```
おはよう、名無し
こんにちは、名無し
こんばんは、田中
```

76

Step 19 関数③

Pythonの関数の仕組みはパワフルです。本書では説明できていない高度な機能も多くあります。

要点

19.1 スコープ

リスト19.1.1のコードは、関数の外で定義した変数を関数内で参照しています。関数の外で定義した変数は「グローバル変数」と呼ばれ、関数の外（7行目）はもちろん、関数の中（4行目）からも自由に参照することができます。

リスト19.1.1

```python
name = 'taro'  # これはグローバル変数

def say():
    print(name)

say()
print(name)
```

実行結果

```
taro
taro
```

リスト19.1.1に対し、リスト19.1.2のように関数内で定義した変数のことを「ローカル変数」と呼びます。ローカル変数は、その関数内でしか参照できません。

リスト19.1.2

```python
def say():
    name = 'taro'  # これがローカル変数
    print(name)

say()
```

実行結果

```
taro
```

Step 19　関数③ **77**

関数の外からローカル変数を参照しようとすると、リスト19.1.3のようにエラーになります。

リスト19.1.3

```
def say():
    name = 'taro'  # これがローカル変数


say()
print(name)  # エラー!!! 関数の外から、ローカル変数は見えない
```

実行結果

```
Traceback (most recent call last):
  File "main.py", line 5, in <module>
    print(name)  # エラー!!! 関数の外から、関数内の変数は見えない
NameError: name 'name' is not defined
```

　変数を定義した場所によって、その変数を参照できる範囲が変わります。このような変数の見える範囲を「スコープ」と呼びます。
　リスト19.1.4のように、関数内で参照しようとしたname変数がローカルにもグローバルにも存在する場合は、ローカル変数が優先されます。まれに発見しにくいバグを引き起こすこともあるので、この仕様は覚えておきましょう。

リスト19.1.4

```
name = 'jiro'  # グローバルなname変数

def say():
    name = 'taro'  # ローカルなname変数
    print(name)  # ローカル変数のnameが優先される


say()
```

実行結果

```
taro
```

78

関数内でグローバル変数の定義・書き換えをしたい場合は、global 文を使います。

リスト19.1.5

```
def say():
    global name  # name変数は、グローバルな変数と宣言
    name = 'taro'

say()
print(name)
```

実行結果

```
taro
```


19.2 ミュータブルな型の注意点 再び

初心者が陥りがちな落とし穴として、リスト19.2.1のような関数があります。

リスト19.2.1

```
def create_int_list(numbers=[]):
    for i in range(10):
        numbers.append(i)
    return numbers

numbers = create_int_list()
print(numbers)
```

実行結果

```
[0, 1, 2, 3, 4, 5, 6, 7, 8, 9]
```

この関数は、受け取ったリストに0から9までの整数を追加するだけの関数です。引数に何も渡さないと、デフォルト引数の空リストが使われます。今のところはうまく動いていますが、引数に何も指定せずに2回以上呼び出すと、結果がおかしくなります（リスト19.2.2）。

リスト19.2.2（引数を指定せずに2回関数を呼び出す）

```
numbers1 = create_int_list()
print(numbers1)

numbers2 = create_int_list()
print(numbers2)
```

Step 19　関数③ | **79**

実行結果

```
[0, 1, 2, 3, 4, 5, 6, 7, 8, 9]
[0, 1, 2, 3, 4, 5, 6, 7, 8, 9, 0, 1, 2, 3, 4, 5, 6, 7, 8, 9]
```

　0〜9までの整数が2回作られています。なぜこのようなことが起きるかというと、関数の引数にデフォルト値を与えると、一度作られたものが何回も使いまわされるからです。毎回デフォルト値が作られる訳ではありません。リストのようなミュータブルな型は自身の変更ができるので、appendなどを使うと、デフォルト値のリストが次々と変更されていきます。デフォルト引数にはミュータブルな型を使わないようにするのがベストです。どうしてもデフォルト値としてリストなどを持たせたい場合は、リスト19.2.3のようにしましょう。これはよく見るコードです。

リスト19.2.3（リストをデフォルト値とした関数定義）

```
def create_int_list(numbers=None):
    if numbers is None:  # Noneかどうかは、isで判別するとベター!
        numbers = []
    for i in range(10):
        numbers.append(i)
    return numbers
```

ワーク

基礎①

　以下のプログラムを実行したとき、実行結果として正しいものを1つ選びましょう。リスト19.1.3が参考になります。

```
def greet():
    message = 'Hello'

greet()
print(message)
```

1. `NameError: name 'name' is not defined`

2. `'Hello'`

3. 何も表示されない

基礎②

以下のプログラムを実行したとき、実行結果として正しいものを1つ選びましょう。

```python
message = 'Hi'
def greet():
    message = 'Hello'


greet()
print(message)
```

1. `NameError: name 'name' is not defined`

2. `'Hello'`

3. `'Hi'`

応用

リスト19.1.5を参考にして、実行結果のとおりになるように関数を定義しましょう。

```python
name = 'taro'

(ここに関数を定義しましょう)

change_name('jiro')
print(name)
```

実行結果

```
jiro
```

Step 19　関数③ | **81**

クラス①

言語によっては、クラスを中心にプログラムを組み立てる言語もあります。Pythonでは必ずしもクラスを作る必要はありませんが、場合によってはたいへん便利です。

要点

20.1 クラスとは

これまでは組み込み型を利用してきました。整数・浮動小数点数から始まり、文字列、リストと学習をしてきました。Pythonでは型とクラスは同一のもので、「クラスを作ること」は「新しい型を定義すること」と同じ意味です。関数の自作に続き、型（クラス）の自作方法を学びましょう。

```
class クラス名:
    pass
```

クラス定義は上記のとおりです。pass文は、まだ具体的な中身を決めていない場合に使えます。for文やwhile文、if文、def文での関数定義でも使うことができます。とりあえず定義しておき、処理は後で決めたいという場合に有効です。pass文がない場合は、何か処理を書かないとエラーになります。実際に、新しい型を定義してみます。リスト20.1.1です。

リスト 20.1.1

```
class Person:
    pass

person = Person()
```

自分で定義した型からデータを作成するにはPerson()のように「**クラス名()**」とします。この作業をインスタンス化と呼び、person変数にはインスタンスが返されます。クラス定義は設計図のようなものです。「設計図をもとにデータの実体を作成すること」をインスタンス化とイメージしてください。インスタンス化の際に引数を渡したり、もう少し高度なことをしてみましょう。リスト20.1.2です。

リスト 20.1.2

```
class Person:
    def __init__(self, name, age):
        pass

taro = Person('taro', 20)
```

クラス内に定義した関数はメソッドと呼ばれることが多いです。__init__が、インスタンス化されたときに呼ばれるメソッドで、インスタンス化の際に何らかの初期化処理をしたい場合に使います。また、メソッドを定義する際のお約束として、必ずselfという名前の引数を作ります。

関数の定義と同様に、クラス定義も先に書いておく必要があります。もしクラス定義の前でインスタンス化すると、リスト20.1.3のようなエラーとなります。

リスト20.1.3

```
# クラス定義より前でインスタンス化させる
taro = Person('taro', 20)

class Person:
    def __init__(self, name, age):
        pass
```

実行結果

```
Traceback (most recent call last):
  File "main.py", line 1, in <module>
    taro = Person('taro', 20)
NameError: name 'Person' is not defined
```

20.2 self

selfは、自分自身といった意味を持つ単語です。selfを使うことで、インスタンスに固有の値を持たせることができます。リスト20.1.2では'taro'と20を渡しましたが、これをインスタンスの属性として設定してみましょう。リスト20.2.1です。

リスト20.2.1

```
class Person:
    def __init__(self, name, age):
        self.name = name
        self.age = age

taro = Person('taro', 20)
print(taro.name, taro.age)
```

実行結果

```
taro 20
```

「**self.属性名 = 値**」とすることで、そのインスタンス固有の値を設定できます。変数taroにはインスタンスが返されるので、taro.name, taro.ageでインスタンスの属性にアクセスできます。

Step 20 クラス① **83**

__init__はインスタンス化の際に呼ばれる特殊なメソッド（実際に、このようなメソッドを「特殊メソッド」と呼びます）です。今度は普通のメソッドも定義してみましょう。リスト20.2.2です。

リスト20.2.2

```
class Person:
    def __init__(self, name, age):
        self.name = name
        self.age = age

    def say_hello(self):
        print('hello')

taro = Person('taro', 20)
taro.say_hello()
```

実行結果

```
hello
```

　メソッドを呼び出すときは、taro.say_hello()のように「**インスタンス.メソッド名()**」とします。nameやageへのアクセスとほとんど同じです。もちろん、引数も自由に設定できます。taroにはインスタンスが返されていますが、このtaroとselfは同一のものです。たとえば、クラス内のsay_helloメソッドでnameやageといった属性にアクセスするときは、リスト20.2.3のようにします。

リスト20.2.3

```
class Person:
    def __init__(self, name, age):
        self.name = name
        self.age = age

    def say_hello(self):
        print(self.name, self.age)   # インスタンスのname, ageにアクセス

taro = Person('taro', 20)
taro.say_hello()
```

実行結果

```
taro 20
```

84

同様に、taro.say_hello() のようなメソッド呼び出しを、クラス内の__init__の最後で行うと、リスト20.2.4のようになります。

リスト20.2.4

```
class Person:
    def __init__(self, name, age):
        self.name = name
        self.age = age
        self.say_hello()  # say_helloメソッド呼び出し

    def say_hello(self):
        print(self.name, self.age)  # インスタンスのname, ageにアクセス

taro = Person('taro', 20)
```

実行結果

```
taro 20
```

taroとselfが同じなので、taro.name = ...のような代入を行うと、インスタンスの属性として設定できます(リスト20.2.5)。

リスト20.2.5

```
class Person:
    def __init__(self, name, age):
        self.name = name
        self.age = age
        self.say_hello()  # say_helloメソッド呼び出し

    def say_hello(self):
        print(self.name, self.age)  # インスタンスのname, ageにアクセス

taro = Person('taro', 20)
taro.age = 30  # ageを設定しなおした
taro.say_hello()
```

実行結果

```
taro 20
taro 30
```

Step 20　クラス①　**85**

ワーク

基礎①

リスト20.2.1を参考にして、実行結果のとおりになるようにクラスを定義しましょう。

```
（ここにクラスを定義しましょう）

saburo = Person('saburo')
print(saburo.name)
```

実行結果

```
saburo
```

基礎②

リスト20.2.3を参考にして、実行結果のとおりになるようにクラスを定義しましょう。

```
（ここにクラスを定義しましょう）

saburo = Person('saburo')
saburo.show_name()
```

実行結果

```
saburo
```

応用

ステップ18のデフォルト値を持つ関数定義を思い出しながら、実行結果のとおりになるようにクラスを定義しましょう

```
（ここにクラスを定義しましょう）

anonymous = Person()
anonymous.say_hello()

tanaka = Person('tanaka')
tanaka.say_hello()
```

実行結果

```
おはよう、名無し
おはよう、tanaka
```

86

Step 21

クラス②

公式ドキュメントでは、クラスについて次のように説明しています。
「クラスはデータと機能を組み合わせる方法を提供します。」

要点

21.1 継承とは

継承の説明でよく用いられるのは、ゲームの例です。たとえば、RPGのキャラクターをクラスで定義したとしましょう（リスト21.1.1）。

リスト21.1.1

```python
class Fighter:
    def __init__(self, name):
        self.name = name
        self.hp = 100
        self.power = 100


    def attack(self, target):
        print('{0}が{1}へパンチ!'.format(self.name, target.name))
        target.hp -= self.power
        if target.hp <= 0:
            print('{0}が{1}を倒した!'.format(self.name, target.name))


taro = Fighter('taro')
jiro = Fighter('jiro')
taro.attack(jiro)
```

実行結果

```
taroがjiroへパンチ!
taroがjiroを倒した!
```

今のところは問題なく動作しています。しかし、パンチをするFighter以外に、剣で斬りつけるFencorも必要になるはずです。ほかにも、たくさんのキャラクターを追加していくと、クラスの数が膨大になり、そのたびにメソッドを書かなければいけません。これは面倒な作業です。

そこで、継承という機能を使います。継承を一言で説明すると、クラスの再利用です。リスト21.1.2を見てください。

Step 21　クラス②　**87**

リスト21.1.2

```python
class Fighter:
    def __init__(self, name):
        self.name = name
        self.hp = 100
        self.power = 100

    def attack(self, target):
        print('{0}が{1}へパンチ!'.format(self.name, target.name))
        target.hp -= self.power
        if target.hp <= 0:
            print('{0}が{1}を倒した!'.format(self.name, target.name))


class Fencor(Fighter):
    pass


taro = Fencor('taro')
jiro = Fighter('jiro')
taro.attack(jiro)
```

　taroが剣士になりました。Fencorクラスはpassで処理を書いていませんが、実行結果はリスト21.1.1と同じです。秘密はclass Fencor(Fighter):の部分です。これによりFencorクラスはFighterクラスの属性を引き継ぎます。この場合は、Fighterを「親クラス（スーパークラス）」と呼び、Fencorを「子クラス（サブクラス）」と表現します。

21.2　オーバーライド

　子クラスでは、親の属性を自由に上書き（オーバーライド）できます。リスト21.1.2のコードをリファクタリングして、メソッドのオーバーライドをしてみましょう。リファクタリングとはプログラミングの世界でよく使われる言葉で、既存のコードをより綺麗にしたり、洗練させたりする「改良」のことを指します。

リスト21.2.1（リスト21.1.2のFencorクラスを書き換える）

```python
class Fencor(Fighter):

    def attack(self, target):
        # 表示メッセージを変えました。
        print('{0}が{1}へ斬りつけた!!'.format(self.name, target.name))
        target.hp -= self.power
        if target.hp <= 0:
            print('{0}が{1}を倒した!'.format(self.name, target.name))
```

88

実行結果

```
taroがjiroへ斬りつけた!!
taroがjiroを倒した!
```

実行結果が、「斬りつけた!!」に変化します。子クラスでメソッドを上書きすると、親クラスのメソッドは呼ばれなくなります。

21.3 superで親のメソッドを呼ぶ

FighterとFencorという2つのクラスを作りましたが、似たようなコードが多く見られます。このような場合は、各クラスの共通部分を持つ親クラスを定義するのが一般的です。リスト21.3.1を見てください。

リスト21.3.1（親クラスCharcter）

```python
class Charcter:

    def __init__(self, name):
        self.name = name
        # hpとpowerは各クラスごとに異なる

    def attack(self, target):
        # 攻撃メッセージは各クラスごとに異なる
        target.hp -= self.power
        if target.hp <= 0:
            print('{0}が{1}を倒した!'.format(self.name, target.name))
```

すべてのベースとしてCharcterというクラスを作りました。hp、power、攻撃メッセージはクラスごとに異なるため、まだ定義していません。これらは子クラスで定義し、残りの処理は親クラスのメソッドを呼び出します（リスト21.3.2）。

リスト21.3.2（Charcterクラスを継承してクラスを定義）

```python
class Fighter(Charcter):
    def __init__(self, name):
        super().__init__(name)
        self.hp = 100
        self.power = 100

    def attack(self, target):
        print('{0}が{1}へパンチ!'.format(self.name, target.name))
        super().attack(target)
```

Step 21　クラス②　**89**

```
class Fencor(Charcter):
    def __init__(self, name):
        super().__init__(name)
        self.hp = 100
        self.power = 100

    def attack(self, target):
        print('{0}が{1}を斬りつけた!!!!'.format(self.name, target.name))
        super().attack(target)
```

super()とすると、親のクラスを取得できます。結果的に、Charcterの__init__やattack
を呼び出せます。この場合、self引数は必要ありません。メソッドを上書きしつつ、親の同名メソッ
ドを呼び出したい場合はsuperを利用しましょう。

ワーク

基礎①

リスト21.1.2を参考に、実行結果のとおりになるようMaleクラスを定義しましょう。

```
class Person:
    def __init__(self, name):
        self.name = name


(ここにクラスを定義します)

saburo = Male('saburo')
print(saburo.name)
```

実行結果

```
saburo
```

基礎②

「21.2 オーバーライド」を参考に、実行結果のとおりになるよう、show_profileメソッドをオー
バーライドしましょう。

90

```
class Person:
    def __init__(self, name):
        self.name = name

    def show_profile(self):
        print('{0} 人です'.format(self.name))


class Male(Person):
    (ここにshow_profileメソッドを定義しましょう)


saburo = Male('saburo')
saburo.show_profile()
```

実行結果

saburo 男性です

応用

リスト21.3.2を参考に、実行結果のとおりになるよう、Maleクラスの__init__メソッドを作成しましょう。その際、super()を使って親のメソッドを呼び出してください。

```
class Person:
    def __init__(self, name):
        self.name = name

    def show_profile(self):
        print('{0} 人です'.format(self.name))


class Male(Person):
    (ここにメソッドを定義しましょう)

    def show_profile(self):
        print('{0} {1}歳 男性です'.format(self.name, self.age))

saburo = Male('saburo', 20)
saburo.show_profile()
```

実行結果

saburo 20歳 男性です

Step 21 クラス② **91**

クラス③

インスタンスとクラスの属性の違いは、慣れている方でもよく間違えます。きちんと覚えて使いこなすと、非常に便利です。

要点

22.1 クラスの属性

これまでは__init__メソッド内で属性を設定していました。これらは、1つのインスタンスに紐付くものでした。taro.name = 'taro' と変更しても、あくまでtaro変数のインスタンスしか変更されません。インスタンス全体で何らかの値を共有したい場合はどうでしょうか。関数のステップで学んだglobal文を使えば、リスト22.1.1のように作ることもできます。

リスト22.1.1

```
# インスタンスの数を記憶する変数
person_count = 0

class Person:

    def __init__(self, name, age):
        self.name = name
        self.age = age
        global person_count
        person_count += 1

taro = Person('taro', 20)
print(person_count)
```

実行結果

```
1
```

Personがインスタンス化された数を覚えるグローバル変数としてperson_countを定義し、__init__内で+1しています。これは正しく動作しますが、さらによい方法があります。Pythonに限らず、クラスをサポートしたプログラミング言語では、何らかの値をインスタンス全体で共有する方法があります。Pythonでは、リスト22.1.2のようにして実装します。

リスト22.1.2

```python
class Person:
    count = 0  # メソッドの外に定義

    def __init__(self, name, age):
        self.name = name
        self.age = age
        Person.count += 1  # 値の増減はクラス名.属性名

taro = Person('taro', 20)
print(Person.count)  # 値の取得はクラス名.属性名
```

実行結果

```
1
```

メソッドの外で変数を宣言すると、それはクラスそのものに紐付く属性になります。グローバル変数やglobal文を使わずに済むのでコードも減ります。また、Person.countのようにアクセスすることで、Personクラスに紐付く属性だとすぐにわかります。

22.2 インスタンス属性との区別

リスト22.1.2のprint(Person.count)は、実はtaro.countのようにアクセスすることもできます(リスト22.2.1)。

リスト22.2.1

```python
class Person:
    count = 0  # クラス属性のcount

    def __init__(self, name, age):
        self.name = name
        self.age = age
        Person.count += 1

taro = Person('taro', 20)
print(taro.count)  # インスタンス.count とした
```

実行結果

```
1
```

Step 22 クラス③ **93**

taro.count（self.countも同様）とすると、まず「インスタンスの属性にcountがあるか？」を探します。もしインスタンスの属性に見つからなければ、今度は「クラスの属性にcountがあるか？」を探し、見つかればそれを返します。リスト22.2.1のtaro.countは、インスタンスにcountがないので、クラスのcountを返します。違いをハッキリさせるために、もう1つサンプルを見てみましょう。リスト22.2.2です。

リスト22.2.2

```
class Person:
    count = 1  # クラス属性

    def __init__(self, name, age):
        self.name = name
        self.age = age
        self.count = 2  # インスタンス属性

taro = Person('taro', 20)
print(taro.count)  # インスタンス属性
print(Person.count)  # クラス属性
```

実行結果

```
2
1
```

このような仕様があることも、ぜひ覚えておいてください。ただし、クラスとインスタンスに同名の属性を持たせると、混乱しやすいので避けるのが基本です。

─────────── ワーク ───────────

基礎 ••

リスト22.1.2、リスト22.2.1を参考にして、実行結果を考えましょう。

```
class Person:
    count = 0

    def __init__(self, name, age):
        self.name = name
        self.age = age
        self.count = 1

taro = Person('taro', 20)
print(Person.count)
print(taro.count)
```

94

実行結果

```
(     )
(     )
```

応用 ••

　ステップ21で学んだ継承を思い出しながら、実行結果のとおりになるように、Charcter クラス内に show_profile メソッドを定義しましょう。

※ヒント：show_profile メソッド内では、self.race としてクラス属性にアクセスします。

```python
class Charcter:
    race = '基本クラス'

    def __init__(self, name):
        self.name = name

    (ここにshow_profileメソッドを定義します)



# このようなクラス属性だけを上書きする継承はよく使います。
class Fighter(Charcter):
    race = '戦士'


class Fencor(Charcter):
    race = '剣士'


taro = Fighter('taro')
taro.show_profile()

jiro = Fencor('jiro')
jiro.show_profile()
```

実行結果

```
名前:taro 種族:戦士
名前:jiro 種族:剣士
```

Step 23 モジュール

関数、クラス、そして今度はモジュールです。Pythonには、プログラムをまとめるための部品がたくさんあります。

要点

23.1 モジュールとは

モジュールという言葉は初めて登場しますが、これまでに何度も利用しています。プログラムを書いていたPythonファイルがモジュールです。モジュールは「クラスや関数の入れ物」と考えることができます。今回は、いくつかのファイルにプログラムを分割し、それを利用していく方法を説明します。

まずはcalc.pyというファイルを作ります。中身は、2つの引数を受け取り、それを足して返すだけの関数です。

リスト23.1.1　calc.py

```
def add(a, b):
    return a + b
```

次に、main.pyというファイルを作ります（calc.pyと同階層のフォルダに置きましょう）。calc.pyのadd関数を利用するには、リスト23.1.2のようにします。

リスト23.1.2　main.py

```
import calc

result = calc.add(1, 2)   # add関数の呼び出し
print(result)
```

実行結果

```
3
```

モジュールを読み込むときは、import文を使います。「import calc」とするとcalcモジュールが読み込まれ、その名前で扱えるようになります。モジュール内の属性は「**モジュール名.属性**」とします。関数やクラスの場合は、丸括弧を付けて呼び出します。import文の読み込みは非常に柔軟で、「**from モジュール import 属性**」とすることで、属性にピンポイントにアクセスすることもできます（リスト23.1.3）。

リスト23.1.3

```
from calc import add

result = add(1, 2)
print(result)
```

　なお、add関数をmainモジュール内でも定義している場合は、名前が衝突する可能性があります。このような場合は、別名でのimportも使えます。importの後に「**as 別名**」とします（リスト23.1.4）。

リスト23.1.4

```
import calc as c  # 別名import

result = c.add(1, 2)
print(result)
```

23.2　モジュールの直接実行

　リスト23.2.1を、main2.pyとして作成してみましょう。

リスト23.2.1　main2.py

```
import main
```

　その後、main2.pyを実行してみましょう。実行結果として3と出力されます。これは、importしただけでmain.pyの内容が実行されたことを意味します。
　Pythonプログラムを実行すると、上から順にコードが実行されます。importで他のモジュールを読み込んだ場合も、他のモジュールの内容が上から順に実行されていきます。main2.pyの場合、1行目の「import main」でmainモジュールが読み込まれ、上から順に実行されていきます。その結果、mainモジュール内の4行目のprintにより3と出力されます。
　ちなみに、これまでに説明してきた関数やクラスは、定義を先に書かないとエラーになりました。これは、上から順番にコードが実行されるためです。その時点で「まだ定義されていない関数・クラス」を呼び出そうとすると、エラーになります。
　このままでは、他のモジュールのimportは難しそうですが、Pythonには便利なイディオムがあります。main.pyをリスト23.2.2のように書き換えてください。

Step 23　モジュール　**97**

リスト23.2.2 main.py

```python
import calc as c

if __name__ == '__main__':
    result = c.add(1, 2)
    print(result)
```

「if __name__ == '__main__':」ブロックは、importされた場合には入りません。別の言い方をすると、「python main.py」と実行しない限り、ここには入りません。よって、main2.pyを実行しても、何も出力されません。

Pythonでプログラムを書くときは、

1. 他のモジュールのimport
2. 関数定義
3. クラス定義
4. グローバル変数

だけを外側に書き、それ以外は「if __name__ == '__main__':」ブロックの中に書くのが一番わかりやすい方法です。

よく見るのはリスト23.2.3のように、直接実行した際の処理をmain関数にまとめ、「if __name__ == '__main__':」内でmain関数を呼び出す方法です。こうすると、他のモジュールからmain関数を呼び出すことが可能になります。

リスト23.2.3（main.pyの例）

```python
import calc as c

def main():
    result = c.add(1, 2)
    print(result)

if __name__ == '__main__':
    main()    # 直接実行した際にmain関数を呼ぶ
```

「if __name__ == '__main__':」は、ちょっとしたテストを書く場合にもよく使われます。calc.pyは、他のモジュールから読み込まれることを前提にしたモジュールです。「if __name__ == '__main__':」を定義し、そこにモジュール内のテストを書くこともできます。最も簡単で効果的なテスト方法なので、覚えておきましょう。

98

基礎 •••

　　add関数を参考にして、calcモジュールに掛け算を行うmul関数を新しく定義し、mainモジュールから呼び出してみましょう。

応用 •••

　　リスト23.2.2を参考にして「if __name__ == '__main__':」ブロックを作成し、その中でadd関数を呼び出してみましょう。

　　その際、2つの引数と結果をprint関数で表示し、「add関数が正しく動作するか？」を確認できるようにしてください。

Step 23　モジュール　**99**

パッケージ

関数、クラス、モジュール、そして最後はパッケージです。大規模なプログラムでは、なくてはならない存在です。パッケージをうまく使ったプロジェクトは非常に見やすく、共同開発もはかどります。

要点

24.1 パッケージとは

パッケージは初めて出てきた言葉ですが、非常に簡単です。モジュールを格納したフォルダがあれば、Pythonはそれをパッケージとみなします。パッケージとは、「モジュールをまとめた入れ物」のことです。以下のようなファイル・フォルダ構成を例に考えます。module1.pyには、ステップ23で作成したadd関数があるとします。

```
main.py    -- 実行用ファイル
package1   -- パッケージ
    __init__.py   -- 初期化モジュール
    module1.py    -- モジュール1
```

main.pyと同階層にパッケージがあり、中に2つのモジュールが格納されています。add関数のあるmodule1.pyのほかに__init__.pyというモジュールがあります。このファイルを置くことで「package1がPythonパッケージである」と認識されます。

リスト24.1.1 __init__.py（空のファイル）

リスト24.1.2 module1.py（ステップ23で作成した関数）

```python
def add(a, b):
    return a + b
```

それぞれのモジュールをmain.pyから利用するのは非常に簡単です（リスト24.1.3）。

リスト24.1.3

```python
import package1

result = package1.module1.add(10, 2)   # module1のadd関数を呼び出す
print(result)
```

importと「パッケージ名.モジュール名.属性」という書き方が面倒な場合は、fromを使った
importもできます（リスト24.1.4）。ちなみに、パッケージから複数のモジュールをimportすると
きは、モジュールをカンマ区切りで続けて書きます。

リスト24.1.4

```
from package1 import module1

result = module1.add(10, 2)
print(result)
```

リスト24.1.5のように、「**from パッケージ.モジュール名 import 属性**」という書き方もできま
す。asを使った別名importも可能です。

リスト24.1.5

```
from package1.module1 import add

result = add(10, 2)
print(result)
```

24.2 __init__.py

__init__.pyには、さらに便利な機能があります。まず、__init__.pyをリスト24.2.1のよう
に書き換えてください。

リスト24.2.1

```
from package1.module1 import add
```

__init__.pyで、module1のadd関数を読み込むようにしました。動作を確認するために、
main.pyをリスト24.2.2のように書き換えて実行してみましょう。

リスト24.2.2

```
import package1

result = package1.add(10, 2)
print(result)
```

実行結果

12

Step 24　パッケージ **101**

パッケージをimportすると、まず__init__.pyが読み込まれます。さらに、__init__.pyの属性（今回の例ではadd関数）が読み込まれます。__init__.pyに関数やクラス、変数を定義すると、それらも「**package1.属性名**」として扱えるようになります。これはなかなか便利な手法で、モジュール名や関数名を変更したり、移動したりしても、__init__.pyが緩衝材となり、呼び出し側のコード変更が不要になります。

ワーク

以下のようなファイル・フォルダ構成を考えます。

```
main.py
news
    __init__.py
    yahoo.py
```

また、__init__.pyとyahoo.pyが以下のようになっているとします。

リスト24.w.1 __init__.py

```
from news.yahoo import read
```

リスト24.w.2 yahoo.py

```
def read():
    print('yahooニュースを読み込みました')
```

基礎 •

mainモジュールからyahooモジュールのimportとして、エラーになるものを1つ選びましょう。
「24.1　パッケージとは」が参考になります。

1.
```
from news import yahoo
```

2.
```
import news
```

3.
```
from news import yahoo as yh
```

4.
```
import yahoo
```

応用 •

「24.2　__init__.py」を参考にして、main.py内に「yahoo」という文字列を登場させることなく、read関数をimportしましょう。

Step 24　パッケージ **103**

Step 25 入出力

入出力は、Input/Outputの頭文字をとってI/Oと略されることが多いです。
I/Oはよく見かける単語なので、ぜひ覚えておきましょう。

要点

25.1 ファイルの書き込み

リスト25.1.1は、ファイルに「ハロー」と書き込む例です。

リスト25.1.1

```
text = 'ハロー'
file = open('hello.txt', 'w', encoding='utf-8')
file.write(text)
file.close()
```

リスト25.1.1を実行すると、hello.txtというファイルが作成され、ファイルの中に「ハロー」と書き込まれます。

2行目でファイルを操作するためのオブジェクトを取得し、3行目でファイルに書き込みます。4行目でファイルを閉じています。open関数の第1引数はファイル名、第2引数は「どのモードで開くか？」の指定です。「w」の場合は書き込みモード、「r」の場合は読み込みモードで開きます。encoding引数については後述します。

4行目でcloseメソッドを呼び出しています。open関数を使うときは、必ず最後にcloseメソッドで閉じる必要があります。ただし、closeメソッドを書き忘れることもあります。そこで、リスト25.1.2のような書き方が推奨されています。

リスト25.1.2

```
text = 'ハロー'
with open('hello.txt', 'w', encoding='utf-8') as file:
    file.write(text)
```

with文といいます。as fileとすることで、fileという変数名でopen関数の結果のオブジェクトが渡されます。この書き方をすると、with文から抜けたときに自動的にcloseメソッドが呼び出されます。with文はopen関数専用ではなく、ほかにも様々な場所で使うことができます。とりあえずは、ファイル操作はwith文で書くと覚えておきましょう。

104

25.2 ファイルの読み込み

先ほど「ハロー」と書き込んだファイルを読み込んでみましょう（リスト25.2.1）。

リスト25.2.1

```
with open('hello.txt', 'r', encoding='utf-8') as file:
    text = file.read()
print(text)
```

読み込む場合は、open関数の第2引数に「r」を指定し、readメソッドを呼び出します。そのほか、よく使われるのは1行ずつファイルの内容を読み込む処理です。リスト25.2.2のように、ファイルオブジェクトをfor文に渡すことで取り出せます。

リスト25.2.2

```
with open('hello.txt', 'r', encoding='utf-8') as file:
    for line in file:
        print(line)  # 1行ずつ出力される
```

25.3 他のモード

open関数の第2引数には、書き込みの「w」や読み込みの「r」のほかに、いくつかのモードがあります。表25.3.1で確認しましょう。

表25.3.1

モード	内容
r	読み込み、ファイルが存在しなければエラー
w	書き込み、同名ファイルがあれば上書き
x	書き込み、同名ファイルがあればエラー
a	追記、すでに同名ファイルがあれば末尾に足していく
b	バイナリモード、rbやwbのように指定する

25.4 エンコーディング

「文字化け」という現象を知ってる方なら、すぐに理解できます。ファイルに書き込まれたテキストは、何らかの形でエンコーディングされています。リスト25.4.1を見てください。

Step 25 入出力 **105**

リスト 25.4.1

```python
with open('a.txt', 'w', encoding='utf-8') as file:
    file.write('あ')

with open('a.txt', 'rb') as file:
    print(file.read())
```

実行結果

```
b'\xe3\x81\x82'
```

「あ」のテキストを「utf-8」でエンコーディングして書き込み、そのファイルをバイナリモードで読み込んで表示しました。次は、リスト25.4.2を見てください。

リスト 25.4.2

```python
with open('a.txt', 'w', encoding='cp932') as file:
    file.write('あ')

with open('a.txt', 'rb') as file:
    print(file.read())
```

実行結果

```
b'\x82\xa0'
```

書き込んだのは「あ」という文字列ですが、エンコーディングの仕方が異なるため、表示された結果が変化しています。このように、ファイルに書き込んだテキストは何らかの形でエンコーディングされており、同じ文字であっても内部的な表現は異なります（画像や音声データなど、バイナリデータを直接書き込んだ場合は気にする必要はありません）。

「あ」という文字列を「あ」として読み込むには、リスト25.4.3のように「対応するencoding」を指定します。

リスト 25.4.3

```python
# utf-8で書き込んだテキストを読み込む
with open('a.txt', 'w', encoding='utf-8') as file:
    file.write('あ')

with open('a.txt', 'r', encoding='utf-8') as file:
    print(file.read())
```

```
# cp932で書き込んだテキストを読み込む
with open('a.txt', 'w', encoding='cp932') as file:
    file.write('あ')

with open('a.txt', 'r', encoding='cp932') as file:
    print(file.read())
```

エンコーディングの指針をいくつか紹介しておきます。

1. 世界的に最も使われている、デファクトスタンダードとなっているエンコーディングはutf-8です。ファイルを扱う際はutf-8でエンコーディングするようにしましょう。
2. ファイルのエンコーディングがわからない場合は、まず「utf-8で開けるか」を試してみましょう。日本人が作ったファイルの場合、次にcp932を試してみます（日本語環境のWindowsがcp932を利用しているため）。
3. open関数のencoding引数を省略してはいけません。省略すると、OSや環境に合わせて自動的にエンコーディングが選択されます（日本語環境のWndowsの場合は、cp932でエンコーディングさわれてしまいます）。

ワーク

基礎①

前後のプログラムの流れを見て、実行結果のとおりになるように括弧の中を埋めましょう。リスト25.1.2、リスト25.2.1が参考になります。

```
text = 'やっほー'
with (     ):
    file.write(text)

with open('hello.txt', 'r', encoding='utf-8') as file:
    print(file.read())
```

実行結果

```
やっほー
```

Step 25 入出力 **107**

基礎②

「'w'」「'a'」「'r'」を1つずつ使い、実行結果のとおりになるように括弧の中を埋めましょう。

```python
with open('hello.txt', (    ), encoding='utf-8') as file:
    file.write('ハロー')

with open('hello.txt', (    ), encoding='utf-8') as file:
    file.write('ワールド')

with open('hello.txt', (    ), encoding='utf-8') as file:
    print(file.read())
```

実行結果

```
ハローワールド
```

Step 26 例外

例外が発生するとTraceback (most recent call last) と表示されますが、これは「新しい呼び出しほど後ろに表示されている」という意味です。

要点

26.1 例外を捕まえる

これまでは、例外が出たら、すべてを諦めてプログラムを書き直していました。実をいうと、例外が出てもプログラムの実行を続けることが可能です。まずは、エラーが表示されるサンプルプログラムとして、リスト 26.1.1 を見てください。

リスト 26.1.1

```
with open('a.txt', 'w', encoding='cp932') as file:
    file.write('あ')

with open('a.txt', 'r', encoding='utf-8') as file:
    print(file.read())
```

実行結果

```
Traceback (most recent call last):
  File "main.py", line 5, in <module>
    print(file.read())
  File "/usr/local/lib/python3.6/codecs.py", line 321, in decode
    (result, consumed) = self._buffer_decode(data, self.errors, final)
UnicodeDecodeError: 'utf-8' codec can't decode byte 0x82 in position 0:
invalid start byte
```

リスト 26.1.1 は、cp932エンコーディングで書き込まれたテキストファイルを、utf-8で読み込もうとしたプログラムです。UnicodeDecodeErrorという例外が表示されます。このプログラムを「utf-8で開けませんでした！」と表示するように改良してみます（リスト 26.1.2）。

リスト 26.1.2

```
with open('a.txt', 'w', encoding='cp932') as file:
    file.write('あ')

try:
    with open('a.txt', 'r', encoding='utf-8') as file:
        print(file.read())
except UnicodeDecodeError:
    print('utf-8で開けませんでした！')
```

実行結果

```
utf-8で開けませんでした！
```

　tryブロックに例外が出るかもしれないコードを書き、例外が出たらexceptブロックに入ります。except UnicodeDecodeErrorのように特定の例外を捕まえるのが一般的ですが、except:とだけ書いて「すべての例外」を捕まえることもできます。

　今度は、はじめの2行を消して、a.txtを削除してから、もう一度プログラムを実行してみてください。おそらく、実行結果26.1.3のような例外が表示されて終了するはずです。

実行結果26.1.3

```
Traceback (most recent call last):
  File "main.py", line 2, in <module>
    with open('a.txt', 'r', encoding='utf-8') as file:
FileNotFoundError: [Errno 2] No such file or directory: 'a.txt'
```

　ファイルがまだ作成されていない場合も、何らかのメッセージを表示したほうが親切です。複数の例外に対応するには、リスト26.1.4のように書き換えます。

リスト26.1.4

```
try:
    with open('a.txt', 'r', encoding='utf-8') as file:
        print(file.read())
except UnicodeDecodeError:
    print('utf-8で開けませんでした！')
except FileNotFoundError:
    print('ファイルがまだ存在しません！')
```

26.2　finally と else

　エラーの有無に関わらず、必ず実行する処理を指定することもできます。たとえば、

- 一時的なファイルを作成し、処理が終わったら後片付けをする
- PCの重大な設定を一時的に変更し、作業が終わったら元に戻す

などのケースに対応したいる場合は、リスト26.2.1のようにプログラムを書きます。

110

リスト 26.2.1

```
try:
    with open('tmp.txt', 'w', encoding='utf-8') as file:
        # 何か難しい処理を行う...
except:
    # エラーに対応した処理を行う...
finally:
    # tmp.txtを削除する...
```

　finallyがポイントです。このfinallyブロックには必ず入ります。exceptは必須ではなく、tryとfinallyだけを利用することもあります。try、except、finallyをうまく使うと柔軟にコードを書けますが、さらに便利な機能もあります。elseです（リスト26.2.2）。

リスト 26.2.2

```
try:
    with open('tmp.txt', 'w', encoding='utf-8') as file:
        # 何か難しい処理を行う...
except:
    # エラーに対応した処理を行う...
else:
    # エラーが出なかった場合に入る...
finally:
    # tmp.txtを削除する...
```

　elseには、エラーが出なかった場合だけ入ります。elseを使うことで、tryブロック内のコードを最小限にできます。処理の流れも見やすくなります。

Step 26　例外　**111**

ワーク

基礎 ••

try ～ exceptの中身を見ながら、変数bに入る値を考えましょう。

```
a = 10
b = (    )
try:
    result = a / b
except ZeroDivisionError:
    result = '0で割ってはいけません。'
print(result)
```

実行結果

0で割ってはいけません。

応用 ••

ステップ18の「デフォルト値を持つ関数定義」を思い出しながら、実行結果のとおりになるように関数を定義しましょう。関数の内部では、except KeyErrorを使います。

```
(ここに関数を定義しましょう。辞書のgetメソッドと似た動きをする関数です。)

report = {'math': 80}

point = get(report, 'math')
print(point)

point = get(report, 'english')
print(point)

point = get(report, 'english', default=0)
print(point)
```

実行結果

```
80
None
0
```

112

ライブラリ

何らかの形で配布されており、呼び出しやすい形にされたプログラムをライブラリと呼びます。

要点

27.1 標準ライブラリとは

　Pythonには「便利なプログラムを集めたモジュール」が標準で多数付属しています。これを「バッテリー同梱」と表現する場合もあります。言語をインストールすると、一緒に付属される便利なプログラム集のことを「標準ライブラリ」と呼びます。さっそく、標準ライブラリを利用してみましょう（リスト27.1.1）。

リスト27.1.1

```python
import pickle

class Charcter:

    def __init__(self, name, level=1, hp=10):
        self.name = name
        self.level = level
        self.hp = hp

taro = Charcter('taro')
with open(taro.name, 'wb') as save_file:
    pickle.dump(taro, save_file)   # dumpで保存
```

　リスト27.1.1は、ゲームのキャラクターを作り、そのキャラクターを保存するサンプルです。import pickleで、標準ライブラリの「pickleモジュール」をimportしています。標準ライブラリは特別な場所に保存されており、特にファイルを移動しなくてもimportできます。
　このコードを実行すると、taroというファイルが作成されます。通常のファイルは数値や文字列しか保存できませんが、pickleではPythonのオブジェクトをそのまま保存できます（直列化、シリアライズといいます）。つまり、辞書やリスト、クラスのインスタンスなども、そのままファイルに保存できるようになります。保存したtaroセーブデータを復元するときは、リスト27.1.2のようにします。

リスト27.1.2

```python
import pickle

class Charcter:

    def __init__(self, name, level=1, hp=10):
        self.name = name
        self.level = 1
        self.hp = 10

with open('taro', 'rb') as save_file:
    taro = pickle.load(save_file)   # loadで復元。デシリアライズ と呼びます

print(taro.name, taro.level, taro.hp)
```

実行結果

```
taro 1 10
```

　標準ライブラリには、pickle以外にも多数の便利なプログラムがあります。pickleと似たものとして、key：value形式でPythonオブジェクトを保存できるshelveというモジュールもあり、シンプルなデータベース代わりになります。そのほか、csvを扱うcsvモジュール、簡単なWebサーバーを立ち上げるモジュール、ファイル・ディレクトリ操作を楽に扱うモジュールなど、豊富です。公式ドキュメント（https://docs.python.org/ja/3/library/index.html）でも確認してみましょう。

27.2　サードパーティ製ライブラリ

　標準ライブラリには様々なプログラムがありますが、それだけで解決しないこともあります。このような場合は、他人が作って公開しているプログラムを利用しましょう。他人といっても、企業や団体が開発しているものが多く、標準ライブラリより使いやすいプログラムも珍しくありません。このように、他人が作ったプログラムのことを「サードパーティ製（第三者）ライブラリ」と呼びます。まずは、サードパーティ製のライブラリをインストールしてみましょう。

実行結果27.2.1（MacやLinux）

```
$ pip3.6 install requests
```

実行結果27.2.2（Windows）

```
> py -m pip install requests
```

実行結果 27.2.1 または 27.2.2 を、コマンドプロンプトなどで実行してください。これだけでインストールが完了します。インストールが完了すれば、通常のモジュールと同様に扱うことができます。

リスト 27.2.1

```
import requests

res = requests.get('https://torina.top')
print(res.text)
```

requestsを簡単に説明すると、Webブラウザが裏側で行っているサーバーとの通信を、プログラム上から扱うためのライブラリです。たとえば、「Webサイトからデータを抽出したい」といった作業に最適なライブラリです。

ほかにも、Web開発で有名な「Django」、機械学習の「scikit-learn」、科学計算の「Numpy」「Scipy」、データを簡単に図にできる「Matplotlib」、マルチプラットフォームで動くGUIアプリケーションを作れる「Kivy」などがあります。標準ライブラリには「Tkinter」があります。

ワーク

基礎①

標準ライブラリを1つ選び、それについて概要をまとめてみましょう。Google検索を活用したり、公式ドキュメントを参照したりしても構いません。

https://docs.python.org/ja/3/library/index.html

基礎②

サードパーティ製のライブラリを1つ選び、それについて概要をまとめてみましょう。Google検索を活用したり、ライブラリについてまとめたページを参照したりしても構いません。

https://qiita.com/h_digitalhearts/items/34c91d4ee0b54bd7cb8b

Step 27　ライブラリ　115

迷路アプリケーション①

シンプルな迷路アプリケーションを作っていきます。「まとめ」としてだけでなく、Pythonでプログラミングをする際のフローや考え方についても触れていきます。

要点

28.1 迷路アプリケーションの概要

コマンドプロンプトやターミナルで動作を確認できる、CUIアプリケーションとして作成します。

CUIアプリケーションとは、「インターフェースが文字のアプリケーション」のことです。マウスは使わずに、文字を入力してアプリケーションを操作します。実行すると、以下の画面が表示されます。

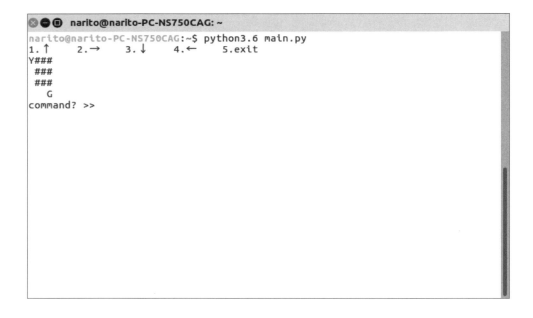

Yはあなたの座標、Gはゴールの座標、#は壁で移動できない場所です。操作方法は、1が上方向、2が右方向、3が下方向、4が左方向への移動、5を入力すると終了です。

```
● ● ●   narito@narito-PC-NS750CAG: ~
1. ↑     2.→     3.↓     4.←     5.exit
Y###
 ###
 ###
   G
command? >> 3
1. ↑     2.→     3.↓     4.←     5.exit
 ###
Y###
 ###
   G
command? >> 3
1. ↑     2.→     3.↓     4.←     5.exit
 ###
 ###
Y###
   G
command? >> 3
1. ↑     2.→     3.↓     4.←     5.exit
 ###
 ###
 ###
Y  G
command? >>
```

　ゴールに到達すると、「ゴールに到達!」と表示されて終了します。たったこれだけのアプリケーションです。

```
● ● ●   narito@narito-PC-NS750CAG: ~
 ###
 ###
 ###
Y  G
command? >> 2
1. ↑     2.→     3.↓     4.←     5.exit
 ###
 ###
 ###
 Y  G
command? >> 2
1. ↑     2.→     3.↓     4.←     5.exit
 ###
 ###
 ###
  YG
command? >> 2
1. ↑     2.→     3.↓     4.←     5.exit
 ###
 ###
 ###
   Y
ゴールに到達!
narito@narito-PC-NS750CAG:~$
```

28.2　プロトタイプを作る

　どこから手をつけましょうか。フローチャートを書いて情報を整理するのも一つの方法ですが、Pythonは読みやすい言語です。Pythonコードが、そのままフローチャートの代わりになります。多くのアプリケーションに共通することは、「何らかの入力があり、何らかの出力がされる」ということです。今回の例では、まずマップが表示され、次に1、2、3、4または5を入力します。この2つの動作をコードとして書いていきましょう。

Step 28　迷路アプリケーション①　**117**

リスト28.2.1

```
def show():
    pass


def main():
    show()    # 画面を表示する
    command = input()    # 入力を受け付ける



    if __name__ == '__main__':
        main()
```

画面の表示は少し複雑になるので、show関数として定義します。中身はまだ決めていないので、pass文を使ってエラーが出ないようにしておきます。そのほか、迷路アプリケーションで必要になるのは、「ある条件を満たすまで終了しない」ということです。whileループを使って無限ループにしておきましょう。さらに、「5が入力されたら終了する」の処理を記述しておきます。実行用関数のmainという名前が気に入らない場合は、runやstartにしてもよいでしょう。

リスト28.2.2（リスト28.2.1のmain関数を書き換える）

```
def main():
    while True:
        show()    # 画面を表示する
        command = input()    # 入力を受け付ける
        if command == '5':
            break
```

input関数で受け取ったものは「必ず文字列になる」ということに注意してください。数値を入力しても、それは文字列になります。ただし、'5'というのは直感的ではありません。そこで、'1'や'2'をわかりやすい変数名として定義しておきます。モジュールの先頭に、以下を定義しましょう。

```
UP = '1'
DOWN = '3'
RIGHT = '2'
LEFT = '4'
EXIT = '5'
```

118

大文字の変数名になっています。今回のような変数を「定数」と呼びます。定数は大文字で定義するのが一般的です。定数を定義したことで、

```
if command == '5'
```

は

```
if command == EXIT:
```

とすることができます。こちらのほうが直感的です。

では、show関数の中身を簡単に実装しましょう。リスト28.2.3です。

リスト28.2.3（グローバル変数の追加とリスト28.2.1のshow関数を書き換える）

```
game_manual = '1.↑\t2.→\t3.↓\t4.←\t5.exit'

game_map = """
Y###
 ###
 ###
   G
"""


def show():
    print(game_manual)  # 操作説明の表示
    print(game_map)  # マップの表示
```

show関数内では、操作方法（game_manual変数）とマップ（game_map変数）を表示しています。game_manual変数の文字列にある\tは、水平タブを意味しています。半角スペースで文字同士の間隔を空けるより、きれいに仕上がります。このような特殊文字をエスケープシーケンスと呼びます。\nによる改行もエスケープシーケンスの一つです。

game_map変数の文字列は、複数行の文字列です。3つのダブルクォーテーション（またはシングルクォーテーション）で囲むと、複数行の文字列を作成できます。

Step 28　迷路アプリケーション① **119**

ここまで書いて実行すると、移動はできないが、迷路っぽいものが表示されるようになります。イメージが沸いてきますね。

```
narito@narito-PC-NS750CAG: ~
narito@narito-PC-NS750CAG:~$ python3.6 main.py
1.↑     2.→     3.↓     4.←     5.exit

Y###
 ###
 ###
   G
```

続いて、入力された移動先を画面表示に反映します。ただし、文字列はイミュータブルなため、「Yだけを書き換えてマップを更新するのは難しい」といえます。そこで、複数行の文字列ではなく、他の方法で処理します。このような場合は、リスト内にリストを格納した「2次元のリスト」がよく使われます。

リスト 28.2.4（リスト 28.2.3 を書き換え）

```python
game_map = [
    ['Y', '#', '#', '#'],
    [' ', '#', '#', '#'],
    [' ', '#', '#', '#'],
    [' ', ' ', ' ', 'G'],
]


def show():
    print(game_manual)   # 操作説明の表示
    # マップの表示
    for line in game_map:
        print(''.join(line))
```

game_map変数をリストに書き換えたのが、リスト28.2.4です。タプルや辞書などもそうですが、複数行に分けて記述できます。このgame_mapリストは、game_map[y座標][x座標]で各要素にアクセスできます。y座標が先です。たとえば、1つ下に進んだ場合は、game_map[1][0] = 'Y' とします。

120

このマップを文字列に整形しているのが、show関数内のfor文です。リスト内の各要素が順に取り出され、次のように出力されていきます。

```
''.join(['Y', '#', '#', '#'])  ⇒  Y###
''.join([' ', '#', '#', '#'])  ⇒   ###
''.join([' ', '#', '#', '#'])  ⇒   ###
''.join([' ', ' ', ' ', 'G'])  ⇒      G
```

簡単なプロトタイプを作成し、移動するための準備も終わりました。次回は移動処理を実装し、完成を目指します。ここまでのコード全体をリスト28.2.5に示しておきます。

リスト28.2.5

```python
UP = '1'
DOWN = '3'
RIGHT = '2'
LEFT = '4'
EXIT = '5'

game_manual = '1.↑\t2.→\t3.↓\t4.←\t5.exit'

game_map = [
    ['Y', '#', '#', '#'],
    [' ', '#', '#', '#'],
    [' ', '#', '#', '#'],
    [' ', ' ', ' ', 'G'],
]


def show():
    print(game_manual)   # 操作説明の表示
    # マップの表示
    for line in game_map:
        print(''.join(line))


def main():
    while True:
        show()   # 画面を表示する
        command = input()   # 入力を受け付ける
        if command == EXIT:
            break


if __name__ == '__main__':
    main()
```

Step 28　迷路アプリケーション①　**121**

Step 29 迷路アプリケーション②

プロトタイプの迷路アプリケーションを、今回で完成させます。

要点

29.1 移動処理を実装する

さっそく移動処理の実装に取り掛かりましょう。まず、リスト 29.1.1 のようにコードを書き換えます。

リスト 29.1.1（リスト 28.2.5 の main 関数を書き換え、update 関数を追加）

```python
def update(command):
    pass



def main():
    while True:
        show()   # 画面を表示する
        command = input()   # 入力を受け付ける
        # 終了キーならば終了
        if command == EXIT:
            break
        # 移動キーならば、更新処理
        elif command in (UP, DOWN, RIGHT, LEFT):
            update(command)
```

update 関数が、マップを更新する処理になります。elif command in ... の部分は、else にしてはいけません。ユーザーの入力が 1 〜 5 の数値とは限らないためです。「1 〜 5 の数値が入力されたか？」の判断は、in 演算子を使うとエレガントに実装できます。ちょっとしたテクニックとして覚えておいてください。

update 関数では、ユーザーの入力に対応して「あなた（Y）」を移動させます。あなたの現在位置を基準に、上下左右へ移動させます。よって、「あなたの現在位置」を求める必要があります。game_map 変数内のリストから Y を探す方法もありますが、あまり効率がよくないので、現在位置の座標を変数として定義しておきます。さらに、ゴールの位置も定義しておきます（モジュールのグローバル変数として定義）。

```python
your_pos = [0, 0]   # あなたのy座標, x座標
goal_pos = [3, 3]   # ゴールのy座標, x座標
```

your_y = 0、your_x = 0のように定義する方法も考えられますが、この場合は書き換える際にglobal文の宣言が必要になります。「どちらがよい書き方か？」は好みの問題になりますが、この心配は次のステップでなくなります。

移動処理を実装しましょう。難しいことを考えずに実装すると、リスト29.1.2のようになります。

リスト29.1.2（リスト29.1.1のupdate関数を書き換える）

```python
def update(command):
    # 元いた位置に' '(スペース)を入れる
    y, x = your_pos
    game_map[y][x] = ' '

    # 移動先の座標を求める
    if command == UP:
        y -= 1
    elif command == RIGHT:
        x += 1
    elif command == DOWN:
        y += 1
    elif command == LEFT:
        x -= 1

    # 移動先に'Y'を入れる
    game_map[y][x] = 'Y'

    # 現在座標の変数を更新
    your_pos[:] = [y, x]
```

まずy, x = your_posで、Yのy座標とx座標を変数にアンパック代入します。続いて、元いた位置に' 'を代入します。y, xを基準に、↑方向の場合はyを-1、→方向の場合はxを+1、...と処理を分岐し、確定した移動先に'Y'を代入します。最後に、現在座標を格納するリストを更新します。your_pos[:] = [y, x]という書き方が理解しにくい方は、your_pos[0] = y, your_pos[1] = xと読み替えてください。

29.2 座標のチェック処理

次に必要な処理は、「壁」や「マップの外側」へ移動できないようにすることです。要件は、

1. '#'となっている壁には移動できない
2. マップからはみ出さない

の2つです。この2つをコードにすると、リスト29.2.1のようになります。

Step 29 迷路アプリケーション②　**123**

リスト29.2.1（リスト29.1.2を書き換える）

```python
# 現在のYの座標
y, x = your_pos

# 移動先の座標を求める
if command == UP:
    y -= 1
elif command == RIGHT:
    x += 1
elif command == DOWN:
    y += 1
elif command == LEFT:
    x -= 1

# 画面外でなく、壁('#')でもない場合に移動処理をする
if 0 <= x <= 3 and 0 <= y <= 3 and game_map[y][x] != '#':
    # 元いた位置に' 'を入れる
    old_y, old_x = your_pos
    game_map[old_y][old_x] = ' '

    # 移動先に'Y'を入れる
    game_map[y][x] = 'Y'

    # 現在座標の変数を更新
    your_pos[:] = [y, x]
```

game_mapのy座標は0〜3、x座標も0〜3の値になります（0 <= x <= 3 and 0 <= y <= 3）。そして、移動先が'#'でない場合（game_map[y][x] != '#'）に、元いた位置に' '、移動先に'Y'を入れて、現在座標のリストを更新します。

3という数値が気になるかもしれません。「何を意味しているか？」が理解しづらく、マップの長さが変わるたびに修正が必要になります。モジュールのグローバル変数として定義しておきましょう（リスト29.2.2）。

リスト29.2.2

```python
# マップの幅、つまり['Y', '#', '#', '#']の長さ。[0]を取り出しているが
# [1]でも[2]でもダメって訳ではない。（どの行も幅は同じなため）
width = len(game_map[0]) - 1

# マップの高さ
height = len(game_map) - 1
...
...
    if 0 <= x <= width and 0 <= y <= height and game_map[y][x] != '#':
```

ここまでの作業で、プログラムはほとんど完成しました。最後に、ゴールに到達した場合のメッセージを表示します。

リスト29.2.3（リスト29.1.1のmain関数を書き換える）

```python
def main():
    while True:
        show()   # 画面を表示する
        command = input()   # 入力を受け付ける
        # 終了キーならば終了
        if command == EXIT:
            break
        # 移動キーならば、更新処理
        if command in (UP, DOWN, RIGHT, LEFT):
            update(command)
            # ゴールに到達していれば、終わり！
            if your_pos == goal_pos:
                print('ゴールに到達!')
                break
```

　ここまでのコード全体をリスト29.2.4に示します。

リスト29.2.4

```python
UP = '1'
DOWN = '3'
RIGHT = '2'
LEFT = '4'
EXIT = '5'

game_manual = '1.↑\t2.→\t3.↓\t4.←\t5.exit'

game_map = [
    ['Y', '#', '#', '#'],
    [' ', '#', '#', '#'],
    [' ', '#', '#', '#'],
    [' ', ' ', ' ', 'G'],
]

# マップの幅、つまり['Y', '#', '#', '#']の長さ。[0]を取り出しているが
# [1]でも[2]でもダメって訳ではない。（どの行も幅は同じなため）
width = len(game_map[0]) - 1

# マップの高さ
height = len(game_map) - 1
```

Step 29　迷路アプリケーション②　**125**

```python
your_pos = [0, 0]  # あなたのy座標，x座標
goal_pos = [3, 3]  # ゴールのy座標，x座標


def show():
    print(game_manual)  # 操作説明の表示
    # マップの表示
    for line in game_map:
        print(''.join(line))


def update(command):
    # 元いた位置に' '(スペース)を入れる
    # 現在のYの座標
    y, x = your_pos

    # 移動先の座標を求める
    if command == UP:
        y -= 1
    elif command == RIGHT:
        x += 1
    elif command == DOWN:
        y += 1
    elif command == LEFT:
        x -= 1

    # 画面外でなく、壁('#')でもない場合に移動処理をする
    if 0 <= x <= width and 0 <= y <= height and game_map[y][x] != '#':
        # 元いた位置に' 'を入れる
        old_y, old_x = your_pos
        game_map[old_y][old_x] = ' '

        # 移動先に'Y'を入れる
        game_map[y][x] = 'Y'

        # 現在座標の変数を更新
        your_pos[:] = [y, x]


def main():
    while True:
        show()  # 画面を表示する
        command = input()  # 入力を受け付ける
        # 終了キーならば終了
        if command == EXIT:
            break
```

126

```python
        # 移動キーならば、更新処理
        if command in (UP, DOWN, RIGHT, LEFT):
            update(command)
            # ゴールに到達していれば、終わり！
            if your_pos == goal_pos:
                print('ゴールに到達!')
                break


if __name__ == '__main__':
    main()
```

迷路アプリケーション③

一度作ったプログラムを改良することをリファクタリングと呼びます。最後に、クラスを使って、迷路アプリケーションをリファクタリングします。

要点

30.1 クラスを使う

　迷路アプリケーションは問題なく動きました。ここからは、クラスを利用して改良していきます。Pythonはクラスを定義しなくてもプログラミングできますが、クラスを使うと保守や再利用、拡張性に優れたプログラムになります。
　では、具体的に、前回のアプリケーションをどのように変更すればよいでしょうか？　これは、なかなか難しい問題です。パッケージやモジュール、関数にもいえることですが、「プログラムをどういう粒度で扱うか？」、「どこまで抽象化するか？」、「どのようにまとめるか？」、「プログラムの規模は？」、「将来どういったものにしたいか？」ということにも影響します。今回は、あまり難しく考えないで、極力シンプルに改良していきます。興味があれば、ぜひ挑戦してみてください。

リスト 30.1.1

```
class Maze:
    pass


def main():
    maze = Maze()
    maze.run()   # 迷路ゲーム開始


if __name__ == '__main__':
    main()
```

　リスト 30.1.1 が、迷路アプリケーション（クラス Ver）の出発点です。次に、UP や DOWN などを Maze クラスの属性として定義します。

リスト 30.1.2

```
class Maze:
    UP = '1'
    RIGHT = '2'
    DOWN = '3'
    LEFT = '4'
    EXIT = '5'
```

このようにすると、Mazeクラスを継承して新しい迷路クラスを作成しても、UPやDOWNに対応する文字を自由に上書きできます。インスタンスの属性も定義しましょう。__init__メソッドを作ります。

リスト30.1.3

```python
    def __init__(self):
        self.game_map = [
            ['Y', '#', '#', '#'],
            [' ', '#', '#', '#'],
            [' ', '#', '#', '#'],
            [' ', ' ', ' ', 'G'],
        ]
        self.game_manual = '1.↑\t2.→\t3.↓\t4.←\t5.exit'
        self.y = 0
        self.x = 0
        self.goal_y = 3
        self.goal_x = 3
        self.width = len(self.game_map[0]) - 1
        self.height = len(self.game_map) - 1
```

　インスタンスの属性にしたことで、将来的に2つの迷路を同時に遊ぶ場合でも（2つインスタンス化した場合でも）、現在のマップや座標が別々に管理されます。もし、クラス属性にしてしまうと、インスタンスすべてで共有されてしまうため問題になります。マップをランダムに作成できるようにすると、さらに楽しくなりそうですね。

　以前、main関数内で行っていたゲームのメインループ部分は、runメソッドにそのまま書きます。クラスを利用するのでselfがいくつかつきます。

リスト30.1.4

```python
    def run(self):
        while True:
            self.show()  # 画面を表示する
            command = input()  # 入力を受け付ける
            # 終了キーならば終了
            if command == self.EXIT:
                break
            # 移動キーならば、更新処理
            if command in (self.UP, self.DOWN, self.RIGHT, self.LEFT):
                self.update(command)
                # ゴールに到達していれば、終わり！
                if self.y == self.goal_y and self.x == self.goal_x:
                    print('ゴールに到達!')
                    break
```

Step 30　迷路アプリケーション③ **129**

次は、表示部分のshowメソッドです。以前のshow関数とほとんど同じです。

リスト30.1.5

```
def show(self):
    # 操作説明の表示
    print(self.game_manual)
    # マップの表示
    for line in self.game_map:
        print(''.join(line))
```

最後はupdateメソッドです。以前のupdateメソッドとほぼ同じです。

リスト30.1.6

```
def update(self, command):
    y, x = self.y, self.x
    if command == self.UP:
        y -= 1
    elif command == self.RIGHT:
        x += 1
    elif command == self.DOWN:
        y += 1
    elif command == self.LEFT:
        x -= 1

    # 画面外でなく、壁('#')でもない場合に移動処理をする
    if 0 <= x <= self.width and 0 <= y <= self.height and \
            self.game_map[y][x] != '#':
        self.game_map[self.y][self.x] = ' '  # 元いた位置に' 'を入れる
        self.game_map[y][x] = 'Y'  # 移動先に'Y'を入れる
        self.y, self.x = y, x  # 現在座標の更新
```

クラスを使うことで、継承によるカスタマイズが容易になりました。ゴール以外に敵を●などで表現し、「ぶつかったら戦闘させる」といったこともできそうです。セーブデータをpickleモジュールやshelveモジュールで管理することもできそうです。現在は50行を少し超える程度のプログラムですが、改良の余地はたくさんあります。友人と一緒に改良案を考えてみると面白いかもしれません。

ここまでのコード全体をリスト30.1.7に示します。

130

リスト30.1.7

```python
class Maze:
    UP = '1'
    RIGHT = '2'
    DOWN = '3'
    LEFT = '4'
    EXIT = '5'

    def __init__(self):
        self.game_map = [
            ['Y', '#', '#', '#'],
            [' ', '#', '#', '#'],
            [' ', '#', '#', '#'],
            [' ', ' ', ' ', 'G'],
        ]
        self.game_manual = '1.↑\t2.→\t3.↓\t4.←\t5.exit'
        self.y = 0
        self.x = 0
        self.goal_y = 3
        self.goal_x = 3
        self.width = len(self.game_map[0]) - 1
        self.height = len(self.game_map) - 1

    def show(self):
        # 操作説明の表示
        print(self.game_manual)
        # マップの表示
        for line in self.game_map:
            print(''.join(line))

    def update(self, command):
        y, x = self.y, self.x
        if command == self.UP:
            y -= 1
        elif command == self.RIGHT:
            x += 1
        elif command == self.DOWN:
            y += 1
        elif command == self.LEFT:
            x -= 1

        # 画面外でなく、壁('#')でもない場合に移動処理をする
        if 0 <= x <= self.width and 0 <= y <= self.height and \
                self.game_map[y][x] != '#':
            self.game_map[self.y][self.x] = ' '  # 元いた位置に' 'を入れる
            self.game_map[y][x] = 'Y'  # 移動先に'Y'を入れる
            self.y, self.x = y, x  # 現在座標の更新
```

Step 30　迷路アプリケーション③ **131**

```python
    def run(self):
        while True:
            self.show()   # 画面を表示する
            command = input()   # 入力を受け付ける
            # 終了キーならば終了
            if command == self.EXIT:
                break
            # 移動キーならば、更新処理
            if command in (self.UP, self.DOWN, self.RIGHT, self.LEFT):
                self.update(command)
                # ゴールに到達していれば、終わり！
                if self.y == self.goal_y and self.x == self.goal_x:
                    print('ゴールに到達!')
                    break


def main():
    maze = Maze()
    maze.run()   # 迷路ゲーム開始


if __name__ == '__main__':
    main()
```

付録 A Pythonのインストール

A.1 Windows

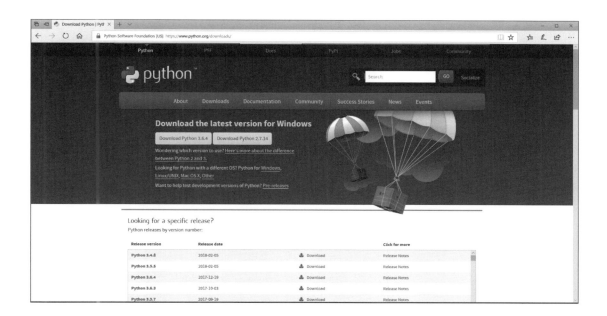

以下のURLへアクセスし、「Download Python 3.X.X」ボタンをクリックします（3.X.Xはバージョン番号）。

https://python.org/downloads/

Edgeブラウザの場合は、下部に表示される「実行」ボタンをクリックします。他のブラウザでは、ダウンロードしたファイルを実行すると、インストーラーが起動します。

付録A　Pythonのインストール | 133

「Install Now」をクリックすると、自動的にインストールが開始されます。現在のインストーラーは便利になっており、以前は必要だった「パスの追加作業」が必須ではなくなりました。

A.2　Mac

macOSの場合は、パッケージマネージャーである「Homebrew」によってインストールする方法が簡単です。

https://brew.sh/index_ja

ターミナルを起動し、以下のように入力するとHomebrewがインストールされます（長いので、上記サイトからコピーすることをお勧めします）。

```
/usr/bin/ruby -e "$(curl -fsSL https://raw.githubusercontent.com/Homebrew/install/master/install)"
```

その後、ターミナルに以下のコマンドを入力すると、Pythonがインストールされます（2018年4月6日現在、Pythonのバージョン3.6.5）。

```
$ brew install python
```

付録B 対話モードで実行する

B.1 対話モードに入る

対話モードに入るときは、コマンドプロンプト（Windows）、パワーシェル（Windows 10など）、ターミナル（Mac）といったアプリケーションを開きます。続いて、Windowsの場合はpy、Mac・Linuxの場合はpython3.6と入力し、「Enter」キーを押します。

Mac・Linuxには元々Pythonがインストールされていますが、ほとんどはPython 2.7という古いバージョンです。単にpythonと入力した場合は、古いPythonが起動してしまいます。Python 3.Xを使うときは、python3.6のように入力してください。Windowsでもpythonが使えますが、今はpyコマンドで起動した方が便利です。

入社した企業やプロジェクトによっては、自分が使い慣れたOSが使えないこともあります。他のOSでの実行方法も覚えておくとよいでしょう。

B.2 他のバージョンのPythonを使う

付録AではPython 3.6をインストールしましたが、他のバージョンのPythonをインストールしており、そちらを使いたい場合もあるでしょう。Windowsで他のバージョンのPythonをインストールしている場合は、py -3.5のようにバージョンを指定します。Mac・Linuxでは、python3.5とします。

B.3 対話モードを試す

対話モードに入ると、以下のような画面が表示されます。

```
narito@narito-PC-NS750CAG:~$ python3.6
Python 3.6.3 (default, Nov 13 2017, 20:07:45)
[GCC 6.3.0 20170406] on linux
Type "help", "copyright", "credits" or "license" for more information.
>>> 1 + 1
2
```

>>>のことを「一時プロンプト」と呼びます。ここに実行したい式を書きます（1 + 1）。続いて、「Enter」キーを押すと、その式が評価され、結果を伴う場合はその結果が表示されます（2）。

対話モードから抜けるときはexit()と入力します。また、Windowsの場合は「Ctrl + Z」キーを押した後に「Enter」キー、Mac・Linuxの場合は「Ctrl + D」キーを押して終了することも可能です。

付録 C　Pythonスクリプトの実行

C.1　Pythonスクリプトの実行方法

対話モードは便利ですが、いくつかの問題があります。たとえば、複数行のプログラムを作成するのは少し面倒です。また、プログラムを保存しておく機能もありません。対話モードは簡単なプログラムを試したいときにだけ使用し、普段はファイルにプログラムを書いて実行するのが一般的です。

対話モードを立ち上げるには、Windowsの場合はpy、Mac・Linuxの場合はpython3.6のように入力して「Enter」キーを押していました。ファイルに書いたPythonプログラム（今後はPythonスクリプトと呼びます）を実行するのは簡単です。「py main.py」や「python3.6 main.py」のように半角スペースで区切って、後ろにファイル名（ファイルパス）を記述するだけです。

エディタやIDEによっては、ツールにPythonスクリプトの実行機能が付属していることもあります。この場合はボタンひとつで実行することができます。

C.2　エディタ・IDEの紹介

Pythonスクリプトを作成するにあたって、プログラムを書くためのツールとなるエディタ選びは重要です。「プログラムの補完機能がある」、「構文上意味を持つ単語に色をつけてくれる」など、便利な機能を持つエディタを使うとコーディング作業がはかどります。IDEは「統合開発環境」と呼ばれるもので、コーディングはもちろん、デバッグなどの便利な機能が付属しているツールです。エディタ・IDEをいくつか紹介しておきましょう。

■ エディタ

- サクラエディタ

    Windows専用の非常にシンプルなエディタ。導入も簡単で、エディタとして最低限の機能（UTF-8を扱える、タブ・スペースの違いをわかりやすく表示など）を持っています。余計な機能がないため、IT企業の新人研修などでもよく使われています。

- Sublime Text

    様々な言語に対応した高機能なエディタ。プラグインが豊富に用意されているため、機能を追加して利用することも可能です。

- Atom

    Sublime TextやBracketsとよく比較される人気のエディタ。

- CotEditor

    Macで使える、汎用的で高機能なエディタ

Sublime Text、Brackets、Atom、CodeEditorのうち、どれを選ぶかは好みの問題です。

■ IDE（統合開発環境）

- IDLE
Pythonに標準で付属しているため、導入に失敗するケースが少ないのが魅力。まずは、これを試してみるのがお勧めです。

- PyCharm
PythonのIDEのなかで最も人気があり、本格的な開発に必要な機能が揃っています。これはIDE全般にいえることですが、PCのスペックによっては動作が遅くなる場合もあります。コミュニティエディションという無償版があります。

ほかにも、たくさんのエディタ・IDEがあります。「Python エディタ」といったキーワードでGoogle検索して、探してみると面白いでしょう。

C.3　IDLEの開き方と使い方

■ IDLEの開き方：Windows

「スタート」メニューの横にある検索欄に「IDLE」と入力し、「IDLE」をクリックします。

または、「スタート」メニューの一覧で「P」の項目にある「Python 3.X」をクリックし、その中にある「IDLE」をクリックします。

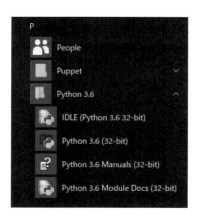

■ IDLEの開き方：Mac
ターミナルを開き、以下のコマンドを入力するとIDLEが起動します。

```
$ idle3
```

■ IDLEの使い方
IDLEを起動した直後に表示される画面は、対話モードと同様に使えます。

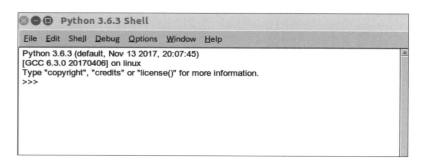

「Ctrl＋N」キー、または「File」→「New File」で新しいファイルを開くことができます。ここにPythonプログラムを記述していきます。

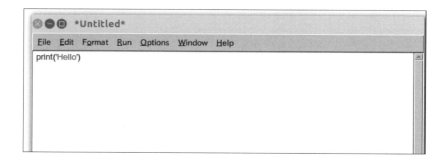

ファイルを開くときは「Ctrl＋O」キー、または「File」→「Open」を選択します。試しに、ダウンロードしたサンプルプログラム（12_1_3.py）を開いてみましょう。ファイル選択ダイアログが表示されるので、サンプルプログラム「12_1_3.py」を選択します。

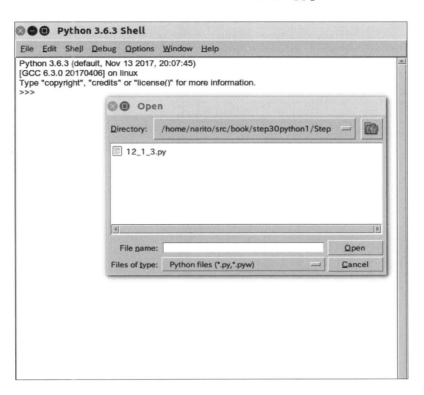

すると、エディタに12_1_3.pyの内容が表示されます。

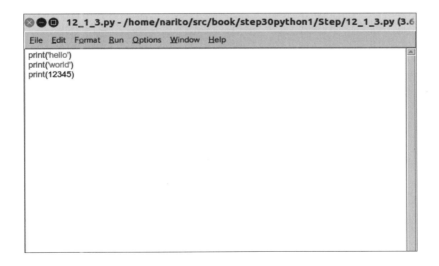

付録C　Pythonスクリプトの実行 **139**

「F5」キー、または「Run」→「Runモジュール」でプログラムが実行され、別の画面に実行結果が表示されます。プログラムがユーザー入力を受け付ける場合は、ここに文字や数値を入力します。

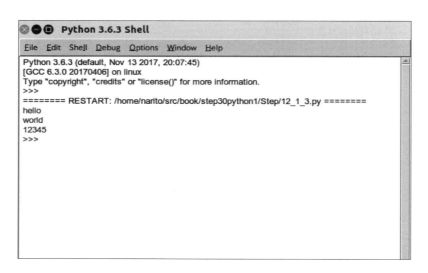

「Ctrl＋S」キー、または「File」→「Save」でファイルを保存できます。既存のファイルを開いた場合は、上書き保存されます。新しいファイルの場合は、保存場所やファイル名を指定するダイアログが表示されます。

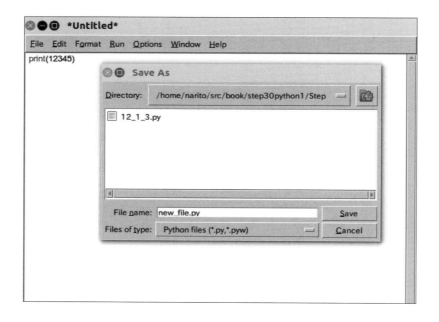

索引

[記号・数字]

!=	48
"	16
#	55
%	9
%=	14
&	40
'	16
( )	31, 68
*	9, 17, 74
**	9, 74
**=	14
**kwargs	74
*=	14
*args	74
+	9, 17
+=	14
-	9, 40
-=	14
/	9
//	9
//=	14
/=	14
<	48
<=	48
=	13
==	48
>	48
>=	48
[ ]	24
^	41
__init__.py	101
__init__メソッド	83
{ }	35, 39
|	40
0で割る	9

[A〜C]

addメソッド	39
and	50
appendメソッド	25
bool型	42
break文	55
class文	82
clearメソッド	25, 36
closeメソッド	104
copyメソッド	25, 29, 36, 49
countメソッド	20, 25
cp932	107
CUIアプリケーション	116

[D〜F]

def文	67
del文	36
dict関数	35
differenceメソッド	40
elif文	45
else文	45, 56, 111
endswithメソッド	21
enumarate関数	61
except文	110
extendメソッド	25
False	42, 51
finally文	111
findメソッド	21
float型	16
float関数	18
formatメソッド	20
for文	53
fromkeysメソッド	37

[G〜I]

getメソッド	36
gloabal文	79
I/O	104
if文	44
import文	96, 113
in	48
indexメソッド	20, 26
input関数	44

insertメソッド	26
intersectionメソッド	40
int型	16
int関数	18
is	48
is not	48
itemsメソッド	53

[J〜L]

joinメソッド	21
keywordモジュール	13
len関数	18, 26
list関数	59

[M〜O]

max関数	26
min関数	26
None	42
NoneType型	42
not	50
open関数	104
or	50

[P〜R]

pass文	82
pickleライブラリ	113
popitemメソッド	37
popメソッド	26, 37
print関数	44
range関数	58
removeメソッド	26, 39
replaceメソッド	20
return文	70

[S〜U]

self	83
setdefaultメソッド	37
sorted関数	26
sortメソッド	26
splitメソッド	21
startswitchメソッド	21, 42, 44
stripメソッド	21
str型	16

str関数	18
sum関数	26
super関数	89
symmtric_differenceメソッド	41
titleメソッド	20
True	42
try文	110
UnicodeDecodeError	109
unionメソッド	40
updateメソッド	37
upperメソッド	20
utf-8	106

[V〜Z]

valuesメソッド	53
while文	64
with文	104
writeメソッド	104
ZeroDivisionError	10
zip関数	61

[あ]

アンパック代入	32
位置引数	73
イテラブル	53
イミュータブル	28, 42
インスタンス	82, 92
インスタンスの属性	93
インデクシング	21
インデント	45
エスケープシーケンス	119
エンコーディング	105
演算の優先順位	10
オーバーライド	88
親クラス	88

[か]

返り値	69
掛け算	9
可変長位置引数	73
可変長キーワード引数	74
仮引数	69
関数	67

キーワード専用引数 75
キーワード引数 69
空文字 17
組み込み型 16
クラス 82, 128
クラスの属性 92, 94
繰り返し 53, 64
グローバル変数 77
継承 87
子クラス 88
コメント 55

［さ］

サードパーティ製ライブラリ 114
差集合 40
サブクラス 88
シーケンス型 21, 24, 31, 42
字下げ 45
辞書 35
指数 9
四則演算 9
実引数 69
集合 39
条件分岐 44
剰余 9
シリアライズ 113
スーパークラス 88
スコープ 78
スライシング 22
整数 16
積集合 40
属性 92

［た］

代入 12
足し算 9
タプル 31
短縮した演算子 14
直列化 113
定数 119
デフォルト値 72
デフォルト引数 72
特殊メソッド 84

［な］

入出力 104

［は］

パイソニスタ 60
排他的論理和 41
パッケージ 100
比較演算子 48
引き算 9
引数 68
標準ライブラリ 113
ファイルの書き込み 104
ファイルの読み込み 105
ブール演算 49
浮動小数点数 16
プロトタイプ 117
変数 12

［ま］

ミュータブル 28, 42, 79
迷路アプリケーション 116
メソッド 20
モジュール 96
文字列 16
戻り値 70

［や］

予約語 12

［ら］

ライブラリ 113
リスト 24
例外 109
ローカル変数 77

［わ］

和集合 40
割り算 9

索引 **143**

■ 著者プロフィール

滝澤 成人

1990年生まれ。高校卒業後フリーターとして働きはじめ、Excelを使った事務作業でVBAと出会う。そしてプログラマーになることを決意し、職業訓練を経てIT企業へ就職。独立後はフリーランスのエンジニアとして活動する。

JavaのWebエンジニアとして入社したが、趣味での開発の際にもっと手軽に使える言語はないかと探し、Pythonを見つける。その後は仕事でもPythonをメインに。

■ 監修者プロフィール

酒井 雅裕

1962年生まれ。北海道情報大学　医療情報学部准教授。

専門分野はメディアテクノロジの異分野応用。認知行動応用アプリケーションの開発。VR、CG、機械学習、モバイルコンピューティングなどを専門とする。

カットシステムでは「実践OpenCV2.4」、「OSXとiOSのためのOpenCV環境構築ガイド」、「超初心者のための真空管アンプ制作入門」を出版している。

ご質問がある場合は・・・

本書の内容についてご質問がある場合は、本書の書名ならびに掲載箇所のページ番号を明記の上、FAX・郵送・Eメールなどの書面にてお送りください（宛先は下記を参照）。電話でのご質問はお断りいたします。また、本書の内容を超えるご質問に関しては、回答を控えさせていただく場合があります。

情報演習㊸　ステップ30
留学生のためのPython［基礎編］ワークブック

2019年2月20日　初版第1刷発行
2021年4月10日　　　第2刷発行

著　者　　滝澤 成人
監修者　　酒井 雅裕
発行人　　石塚 勝敏
発　行　　株式会社 カットシステム
　　　　　〒169-0073 東京都新宿区百人町4-9-7　新宿ユーエストビル8F
　　　　　TEL　（03）5348-3850　　FAX　（03）5348-3851
　　　　　URL　https://www.cutt.co.jp/
　　　　　振替　00130-6-17174
印　刷　　シナノ書籍印刷 株式会社

　　　　本書の内容の一部あるいは全部を無断で複写複製（コピー・電子入力）することは、法律で認められた場合
　　　　を除き、著作者および出版者の権利の侵害になりますので、その場合はあらかじめ小社あてに許諾をお求
　　　　めください。

ご意見等ありましたら、sales@cutt.jp宛にe-mailでお送りください。

Cover design Y.Yamaguchi　　　　　　　　　　Copyright©2018　滝澤 成人
Printed in Japan　　ISBN 978-4-87783-806-5

30ステップで基礎から実践へ！

ステップバイステップ方式で
確実な学習効果をねらえます

留学生向けのルビ付きテキスト（漢字にルビをふってあります）

情報演習 C ステップ 30 （Windows 10 版）
留学生のためのタイピング練習ワークブック
ISBN978-4-87783-800-3／定価 880円 税10%

情報演習 38 ステップ 30
留学生のための Word 2016 ワークブック
ISBN978-4-87783-795-2／定価 990円 税10% 本文カラー

情報演習 39 ステップ 30
留学生のための Excel 2016 ワークブック
ISBN978-4-87783-796-9／定価 990円 税10% 本文カラー

情報演習 42 ステップ 30
留学生のための PowerPoint 2016 ワークブック
ISBN978-4-87783-805-8／定価 990円 税10% 本文カラー

情報演習 49 ステップ 30
留学生のための Word 2019 ワークブック
ISBN978-4-87783-789-1／定価 990円 税10% 本文カラー

情報演習 50 ステップ 30
留学生のための Excel 2019 ワークブック
ISBN978-4-87783-790-7／定価 990円 税10% 本文カラー

情報演習 51 ステップ 30
留学生のための PowerPoint 2019 ワークブック
ISBN978-4-87783-791-4／定価 990円 税10% 本文カラー

情報演習 47 ステップ 30
留学生のための HTML5 & CSS3 ワークブック
ISBN978-4-87783-808-9／定価 990円 税10%

情報演習 48 ステップ 30
留学生のための JavaScript ワークブック
ISBN978-4-87783-807-2／定価 990円 税10%

情報演習 43 ステップ 30
留学生のための Python [基礎編] ワークブック
ISBN978-4-87783-806-5／定価 990円 税10%／A4判

留学生向けドリル形式のテキストシリーズ

情報演習 44
留学生のための Word ドリルブック
ISBN978-4-87783-797-6／定価 990円 税10% 本文カラー

情報演習 45
留学生のための Excel ドリルブック
ISBN978-4-87783-798-3／定価 990円 税10% 本文カラー

情報演習 46
留学生のための PowerPoint ドリルブック
ISBN978-4-87783-799-0／定価 990円 税10% 本文カラー

タッチタイピングを身につける

情報演習 B ステップ 30
タイピング練習ワークブック Windows 10 版
ISBN978-4-87783-838-6／定価 880円 税10%

Office のバージョンに合わせて選べる

情報演習 26 ステップ 30
Word 2016 ワークブック 本文カラー
ISBN978-4-87783-832-4／定価 990円 税10%

情報演習 27 ステップ 30
Excel 2016 ワークブック 本文カラー
ISBN978-4-87783-833-1／定価 990円 税10%

情報演習 28 ステップ 30
PowerPoint 2016 ワークブック 本文カラー
ISBN978-4-87783-834-8／定価 990円 税10%

情報演習 55 ステップ 30
Word 2019 ワークブック 本文カラー
ISBN978-4-87783-842-3／定価 990円 税10%

情報演習 56 ステップ 30
Excel 2019 ワークブック 本文カラー
ISBN978-4-87783-843-0／定価 990円 税10%

情報演習 57 ステップ 30
PowerPoint 2019 ワークブック 本文カラー
ISBN978-4-87783-844-7／定価 990円 税10%

Photoshop を基礎から学習

情報演習 30 ステップ 30
Photoshop CS6 ワークブック 本文カラー
ISBN978-4-87783-831-7／定価 1,100円 税10%

ホームページ制作を基礎から学習

情報演習 35 ステップ 30
HTML5 & CSS3 ワークブック [第 2 版]
ISBN978-4-87783-840-9／定価 990円 税10%

情報演習 36 ステップ 30
JavaScript ワークブック [第 3 版]
ISBN978-4-87783-841-6／定価 990円 税10%

コンピュータ言語を基礎から学習

情報演習 31 ステップ 30
Excel VBA ワークブック
ISBN978-4-87783-835-5／定価 990円 税10%

情報演習 32 ステップ 30
C 言語ワークブック 基礎編
ISBN978-4-87783-836-2／定価 990円 税10%

情報演習 6 ステップ 30
C 言語ワークブック
ISBN978-4-87783-820-1／定価 880円 税10%

情報演習 7 ステップ 30
C++ ワークブック
ISBN978-4-87783-822-5／定価 880円 税10%

情報演習 33 ステップ 30
Python [基礎編] ワークブック
ISBN978-4-87783-837-9／定価 990円 税10%

この他のワークブック、内容見本などもございます。
詳細はホームページをご覧ください
https://www.cutt.co.jp/

キーボード Pythonで使う記号 ②

	キー	記号	呼び方	どんなときに使われるか
よく使う！ ⑱	Shift + <, ね	<	小なり	条件式「より小さい」 a < 1
よく使う！ ⑲	Shift + >, る	>	大なり	条件式「より大きい」 a > 1
⑳	Shift + ?/め	?	クエスチョンマーク、はてな、疑問符	※使用しない
㉑	Shift + \ ろ	_	アンダースコア、アンダーバー	変数名や文字列に使う input_name
よく使う！ A	= ほ	-	マイナス、引く	引き算 a - 1
B	~ ^ へ	^	ハット、ヤマ、山形	ビット単位演算子 排他的論理和 ※本書では使わず
C	| ¥ -	¥	円、円記号、円マーク	拡張表記（エスケープシーケンス）に使う ¥n、¥t
D	@ `	@	アットマーク	デコレータ（本書では使わず） @decorator
よく使う！ E	{ 「 [『	[	左大カッコ、大カッコ	リストの作成 ['taro', 'jiro', 'saburo']

※❶〜⓱については表紙の見返しを参照してください

キー	記号	呼び方	どんなときに使われるか
F [+ ; れ]	;	セミコロン	※使用しない
よく使う！ G [* : け]	:	コロン	関数定義、クラス定義、if、for、while文などの文末記号 while True:
よく使う！ H [}] む]	]	右大カッコ、大カッコ閉じ	E に同じ
よく使う！ I [< , ね]	,	カンマ、コンマ	複数データの区切り文字 [1, 2, 3]、{1, 2, 3}
よく使う！ J [> . る]	.	ピリオド	小数点、属性、メソッド呼び出し 1.0、obj.name
よく使う！ K [? / め]	/	スラッシュ	割り算 10 / 2、10 // 2
L [_ \ ろ]	\	バックスラッシュ	行の折り返し　※本書では使わず
★ Ctrl + C そ		コントロールC	プログラムの実行を中断する
Ctrl + D し → Enter		コントロールD → エンター	Mac・Linuxでの対話モード終了
Ctrl + Z つ → Enter		コントロールZ → エンター	Windowsでの対話モード終了

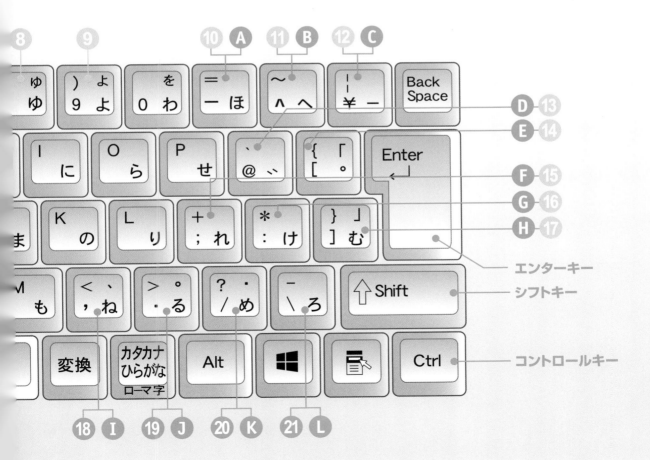